GALERIE AGUADO

CHOIX DES PRINCIPAUX TABLEAUX

DE LA

GALERIE DE M. LE MARQUIS

de las MARISMAS del GUADALQUIVIR

dédié

à M.ᵐᵉ la Marquise de las Marismas

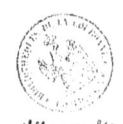

PARIS

Chez Gavard Éditeur des Galeries Historiques de Versailles

VELAZQUEZ.

Le grand peintre qu'on appelle don Diego Velazquez de Silva devrait, d'après les usages espagnols, être appelé don Diego Rodriguez de Silva y Velazquez. En effet, son père se nommait Juan Rodriguez de Silva, et sa mère, doña Geronima Velazquez. C'est le nom de sa mère qui lui est resté. Il naquit, en 1599, à Séville, où il fut baptisé, le 6 juin de cette année, dans la paroisse de San-Pedro. Ses parents lui firent commencer les études classiques, c'est-à-dire le latin et ce qu'on nommait alors la philosophie; mais voyant la naturelle et singulière propension qui poussait leur enfant vers l'art de la peinture, car il ne faisait autre chose que dessiner sur ses cahiers et ses livres, ils se décidèrent à le placer dans l'école de Francisco Herrera, surnommé *le vieux*. Ce premier maître de Velazquez n'était pas moins connu par la rudesse de son caractère que par la facilité de son pinceau. Doux et bienveillant, l'élève ne put s'habituer aux emportements du maître; il quitta bientôt l'atelier de Herrera, et passa dans celui de Francisco Pacheco, artiste aimable autant qu'habile, poëte et peintre, chez lequel se réunissaient, comme en académie, tous les beaux esprits de Séville.

Velazquez devint bientôt l'élève favori de Pacheco, qui lui donna, cinq ans plus tard, la main de sa fille doña Juana, « touché, dit Pacheco lui-même, de sa vertu, de ses bonnes » mœurs, de ses belles qualités, et des espérances que faisait concevoir son génie naturel. » Au reste, Velazquez ne se borna point aux leçons de ce second maître; il en prit bientôt un troisième, qu'il étudia seul et sans relâche, la nature. L'espèce et la marche de ses études ne sont pas moins curieuses à observer que bonnes à suivre. Il se mit à copier avec un soin minutieux tous les objets que la nature peut offrir à l'imitation de l'art, depuis les êtres inanimés, en passant par les plantes, les poissons, les oiseaux, les animaux, jusqu'à l'homme. Ce fut ainsi qu'il parvint plus tard à cette incroyable vérité, qui fait le trait le plus caractéristique de sa manière. Arrivé, par ces degrés naturels, à la peinture de l'homme, Velazquez fit également un travail détaillé des diverses parties du corps humain, et des diverses

passions qui l'agitent. « Il avait enrôlé comme apprenti, dit Pacheco, dans son livre *del*
» *Arte de la Pintura*, un jeune paysan qui lui servait de modèle en différentes actions et
» postures, tantôt pleurant, tantôt riant, sans éviter aucune difficulté. Il dessina, d'après
» lui, un grand nombre de têtes au crayon noir et en relief sur papier bleu, ainsi que
» d'après beaucoup d'autres gens, ce qui lui fit acquérir une grande sûreté dans le por-
» trait. »

Quelques peintures d'Italie et de Flandre commençaient alors à parvenir jusqu'à Séville. Velazquez les étudia avec empressement; mais ce qui le frappa plus vivement encore, ce furent des tableaux de Luis Tristan, de Tolède, dont il admira les teintes fines et moelleuses, si conformes à son propre goût. Ce fut alors qu'il abandonna pleinement le style sec et raide que lui avaient communiqué ses premiers professeurs, et qu'il conçut le désir d'aller étudier à Madrid les maîtres de son art. Il partit au printemps de 1622, âgé de vingt-trois ans, et, bien accueilli dans la capitale par un de ses compatriotes, le *sumiller de cortina*[*], don Juan de Fonseca y Figueroa, il fit de sérieuses études dans les riches collections du palais de Madrid et de l'Escorial. L'année suivante, il fut mandé à la cour par une lettre du comte-duc d'Olivarès, qui lui envoyait cinquante ducats pour ses frais de route. Dans ce second voyage, Pacheco l'accompagna, pressentant que la gloire et la fortune attendaient son gendre à Madrid.

En effet, ses premiers essais le mirent bientôt en évidence. Le roi Philippe IV, par une cédule datée du 6 avril 1623, l'attacha d'abord à son service, puis lui commanda son portrait, dont il fut si charmé, qu'il fit aussitôt rassembler et renfermer tous ceux qu'on avait faits jusqu'alors de sa royale personne, et qu'il nomma Velazquez son peintre particulier (*pintor de cámara*). A ce titre il ajouta plus tard ceux d'huissier de sa chambre (*ugier de cámara*) et de grand maréchal des logis (*aposentador mayor*). Ses appointements, fixés d'abord à vingt ducats par mois, furent successivement portés jusqu'à mille ducats par an, sans compter le prix de ses ouvrages. Velazquez, en un mot, fut admis, comme Caldéron, dans l'intimité du roi, et compté tout le reste de sa vie parmi ces courtisans familiers qu'on appelait alors *privados del rey*. C'était au milieu d'eux, dans la culture des lettres et des arts, que se consolait de ses disgrâces politiques ce pauvre Philippe IV, qui perdit le Roussillon, le Portugal, la Catalogne, ce Philippe IV qui s'était laissé surnommer *le Grand* quand il monta sur le trône, et auquel on donna bientôt pour emblème un fossé avec cette devise : « *Plus on lui ôte, plus il est grand.* »

Toutefois la faveur royale n'altéra ni le caractère bienveillant et les mœurs austères de Velazquez, ni son ardent amour du travail. Au milieu des vices et de la mollesse d'une cour relâchée, il garda les vertus et les occupations de l'atelier. En 1628, Rubens vint à Madrid. Il visita le jeune portraitiste, et reconnaissant aussitôt toute la portée d'un talent qui s'ignorait encore, il l'encouragea à traiter les grands sujets, mais en lui conseillant d'aller d'abord

---
[*] Ecclésiastique qui ouvre et ferme les rideaux de la tribune d'où le roi entend la messe.

en Italie étudier les maîtres. Cet avis de l'illustre étranger décida Velazquez. Dès l'année suivante, ayant obtenu du roi un congé, une gratification et deux années d'appointements, il alla s'embarquer à Barcelone pour Venise, où l'ambassadeur d'Espagne le recueillit dans son hôtel. Là, Velazquez étudia soigneusement Titien, Tintoret, Véronèse; puis il se rendit à Rome, où, après avoir obtenu du pape Urbain VIII d'être logé dans le Vatican, il copia une grande partie du *Jugement dernier* de Michel-Ange, de *l'École d'Athènes* et du *Parnasse* de Raphaël, ainsi que d'autres ouvrages de ces deux grands rivaux de gloire. Après plus d'une année de travaux faits dans la retraite, après avoir visité Naples et embrassé son compatriote Ribera (l'Espagnolet), qui avait alors atteint toute sa célébrité, Velazquez revint à Madrid au commencement de 1631, avec un talent mûr et complet, dont il apportait deux éclatantes preuves, ses tableaux nommés *la Tunique de Joseph* et *la Forge de Vulcain*. Les œuvres et l'artiste reçurent à la cour un accueil magnifique, et Velazquez occupa dès lors, sans contestation, le premier rang parmi les peintres de son pays. Sauf deux courts voyages qu'il fit avec le roi, en Aragon, dans les années 1642 et 1644, Velazquez resta renfermé dix-sept ans dans l'atelier où Philippe IV venait familièrement le visiter presque chaque jour. Une commission que lui donna ce prince pour l'achat d'objets d'art, destinés à une académie de peinture qu'il voulait fonder, ramena Velazquez en Italie dans le cours de l'année 1648. Ce fut pendant ce voyage qu'il peignit le portrait du pape Innocent X, portrait qui reçut à Rome, comme les grands ouvrages de Raphaël et de Titien, les honneurs de la procession et du couronnement. Velazquez, à ce second voyage, revit son ami Ribera, visita Bologne, Florence, Parme, où le retinrent les œuvres de Corrége, et gagna Gênes, dans l'intention de se rendre à Paris. Mais la guerre ayant éclaté entre la France et l'Espagne, il fut contraint de s'embarquer pour Barcelone. De retour à Madrid, il reprit paisiblement le cours de ses travaux jusqu'en 1660. Au mois de mars de cette année, il fit, en sa qualité d'*aposentador mayor*, le voyage d'Irun, lorsque Philippe IV conduisit sa fille Marie-Thérèse à Louis XIV, qui vint recevoir à la frontière sa royale fiancée. Ce fut Velazquez qui prépara dans l'île des Faisans le pavillon où se rencontrèrent les deux rois. Les fatigues de ce voyage altérèrent sa santé, déjà chancelante. Revenu malade à Madrid, il y mourut le 7 août 1660, âgé de soixante-un ans. Sa veuve, doña Juana Pacheco, ne lui survécut que de sept jours; elle fut enterrée à côté de son mari, dans la paroisse de San-Juan.

La vie d'un artiste est tout entière dans ses études et dans ses œuvres. Il était donc inutile d'allonger cette courte notice d'aucun autre détail; et si l'on a fait plusieurs fois mention de la privauté dont Philippe IV honora Velazquez, ou plutôt s'honora lui-même, c'est qu'elle explique pourquoi si peu d'ouvrages de ce grand peintre ont pu sortir de sa patrie. Le roi, son ami, qui venait de monter sur le trône lorsque Velazquez vint à la cour, et qui lui survécut de quelques années, acquit successivement tous les tableaux sortis d'un atelier qui faisait partie du palais, et peints par un artiste employé de la maison royale.

Velazquez s'est essayé et a réussi dans tous les genres. Il a peint avec un égal succès les fruits, les fleurs, les animaux, les intérieurs, le portrait, en pied ou à cheval, d'hommes ou de femmes, d'enfants ou de vieillards, le paysage historique ou copié, enfin l'histoire sacrée ou profane. On peut considérer ses petits tableaux de salle à manger et ses petites scènes domestiques à la flamande comme les études d'un élève consciencieux, ou comme les productions, variées à dessein, d'un génie universel qui sent sa force et veut la prouver. Mais il faut l'étudier plus spécialement dans tous les autres genres. Pour le paysage, la nature morte, la nature qui se compose uniquement de terre, de verdure et de ciel, ne pouvait suffire à sa puissante main ; aussi sait-il l'animer de telle sorte qu'elle n'est plus qu'un théâtre pour les scènes qu'y dispose son imagination. Doit-il peindre les bois sauvages du Pardo? — Il y place une *Chasse au sanglier*, où courent, où s'agitent, où vivent enfin des chiens, des chevaux et des hommes. — Les jardins sablés d'Aranjuez? — Il choisit l'*Allée de la Reine*, qui a toujours conservé le privilége d'être à la mode, et son tableau devient ainsi une espèce de *mémoires* qui, dans les mille épisodes d'une promenade de cour, nous initient aux habitudes de la société du temps. — Une affreuse solitude de la Thébaïde? — Il y retrace *la Visite de saint Antoine à saint Paul l'ermite*, avec le corbeau qui leur apporte, en intelligent pourvoyeur, la double ration de pain venant du ciel, et les deux lions qui creusent pieusement de leurs griffes la fosse du moribond. Au reste, le paysage de Velazquez est peint dans une manière entièrement opposée à celle des Flamands, dont il faut regarder d'habitude les œuvres à la loupe. Velazquez fait du premier jet; sa toile est à peine couverte; les contours des objets ne sont point arrêtés; terre, arbres et ciel, tout est massé et comme sans détail. Si l'on approche trop curieusement, l'œil ne rencontre, comme dans une décoration de théâtre qu'on touche du doigt, que l'incertitude, la confusion, le chaos. S'éloigne-t-on de quatre pas, les ténèbres se dissipent, les éléments se divisent, les êtres prennent vie, le monde est de nouveau créé, et la nature est là, belle, simple et sublime.

Velazquez n'aurait peint que des portraits, qu'il devrait partager au moins la gloire de Van-Dyck, et peut-être que nul ne devrait partager sa gloire; car, dans ce genre, s'il a vaincu tous ses compatriotes, nous pouvons affirmer qu'il n'est surpassé par aucun de ses rivaux des autres écoles. Rien n'égale le bonheur inouï qu'il porte dans l'imitation de la nature humaine, si ce n'est toutefois la franchise et l'audace avec lesquelles il en aborde, il en saisit les plus difficiles aspects. S'il peint, à cheval, son royal ami Philippe IV, il le placera au beau milieu d'une campagne nue, contre un horizon sans fin, éclairé de tous côtés par le soleil d'Espagne, sans une ombre, sans un clair-obscur, sans un *repoussoir* d'aucune espèce; et pourtant, malgré cette négligence téméraire de tous les secours artificiels de l'art, il atteindra les limites possibles de l'illusion, il portera sur sa toile tous les caractères de la vie : les cheveux seront agités par le vent, le sang circulera sous une peau blanche et fraîche, les yeux auront le don du regard, la bouche s'ouvrira pour parler; et si l'on fixe quelques moments la vue sur cette toile, on la verra, par une illusion complète, effrayante, on la verra s'agiter et vivre.

En arrivant à la peinture d'histoire, il faut remarquer que Velazquez, à la différence des Italiens et de tous ses compatriotes, n'aimait pas à traiter les sujets sacrés. C'est un genre qui exige moins l'exacte imitation des objets naturels, où il excellait, que la profondeur de la pensée, la chaleur du sentiment, l'*idéalité* de l'expression, toutes choses qui semblaient échapper à son esprit observateur au dehors et en quelque sorte mathématique. Velazquez se sentait gêné parmi les dieux, les anges et les saints; il ne lui fallait que des hommes. Aussi n'a-t-il presque fait aucun tableau d'histoire sacrée. Dans toutes les collections royales dont s'est formé le musée de Madrid, il n'y en avait qu'un seul, le *Martyre de saint Étienne*, œuvre admirable, assurément, mais plutôt par les détails que par l'ensemble et le caractère de la scène terrible qu'elle représente.

Quant à ses tableaux profanes, sans la dimension et le haut style qui doivent les faire appeler tableaux d'histoire, les rigides observateurs des catégories pourraient vraiment, à cause du choix des sujets toujours fort simples et familiers, les nommer aussi bien tableaux de chevalet. Il en a laissé cinq principaux, qui sont tous au musée de Madrid. Celui qu'on nomme *les Fileuses* (*las Hilanderas*) représente l'intérieur d'une fabrique de tapis. Dans une chambre éclairée par un demi-jour, pendant l'ardeur de l'été, des femmes du peuple, à demi nues, sont occupées aux divers travaux de leur état, tandis que des dames se font présenter quelques tapisseries terminées. Velazquez, qui ne craignait pas de placer les modèles de ses portraits en plein air et en plein soleil, a bravé cette fois la difficulté contraire. Tout son tableau est dans le clair-obscur, et l'artiste, en se jouant d'une si prodigieuse difficulté, a su produire les plus merveilleux effets de perspective et de lumière. Le titre que porte son tableau nommé *la Forge de Vulcain* (*la Fragua de Vulcano*) est tout ce qu'il a de mythologique. Malgré l'auréole lumineuse qui enveloppe sa blonde chevelure, Apollon n'a rien de surnaturel, rien de divin; c'est un voisin curieux et médisant qui s'est fait espion domestique. On ne voit d'ailleurs ni les cavernes embrasées de l'Etna, ni la noire troupe des Cyclopes forgeant les foudres du maître des dieux ou l'armure du fils de Thétis; il n'y a qu'un atelier de forgeron, un maître et ses apprentis. Réduit à ces termes plus humbles, le tableau de Velazquez devient un chef-d'œuvre complet. On ne saurait mieux rendre l'air et l'espace; on ne saurait trouver plus d'effet et de vérité que dans le combat de la lumière du brasier où rougit le fer, et de celle du soleil que laisse pénétrer la porte entr'ouverte; on ne saurait dessiner de plus beaux corps d'hommes, des membres plus agiles, plus nerveux, mieux accouplés; on ne saurait enfin rencontrer une expression de visage et de pantomime égale à celle de ce mari outragé que glacent la surprise et la colère, de ces frappeurs d'enclume dont les bras s'arrêtent, et qui suspendent tout à coup l'harmonie de leurs marteaux tombant en cadence. *La Reddition de Breda*, qu'on appelle plus communément en Espagne le *tableau des Lances* (*el cuadro de las Lanzas*), est une œuvre plus capitale encore, et d'une dimension colossale, mais dont le sujet n'est pas moins simple. D'un côté les Flamands, de l'autre les Espagnols; au milieu, dans une large trouée d'air qui donne vue sur un profond paysage, la rencontre des deux chefs, dont l'un remet à l'autre les clefs de la ville rendue. Ce groupe, toutefois, a peut-être plus de poésie que nul autre ouvrage de Velazquez; on n'a jamais mieux exprimé que dans l'attitude et le geste du vainqueur la bienveillance, la grâce, la noblesse, qui font aimer et pardonner la victoire. Enfin, son tableau des *Buveurs* (*los Bebedores* ou *Borrachos*), peut-être encore plus célèbre et plus accompli, représente tout simplement une confrérie bachique, dont le chef, couronné de pampre, mais à peu près nu, et trônant sur un tonneau, entouré de cinq ou six drôles en guenilles qui forment sa cour, confère l'ordre de chevalerie à une espèce de soldat agenouillé devant lui. Il n'y a là qu'une scène bouffonne, grotesque, et cependant c'est un de ces tableaux qu'il faut voir et revoir sans cesse, dont les regards ne peuvent se détacher, sur lequel on concentre toute sa force d'attention, un de ces tableaux dont nulle description, nulle analyse, nul éloge, ne peuvent donner l'idée, ni reconnaître dignement la beauté.

S'il y a quelque part un tableau qui, sous le point de vue de l'imitation toute simple de la nature, égale ou surpasse même celui des *Buveurs*, ce ne peut être que le tableau nommé *la Famille de Philippe IV;* mais il est aussi de Velazquez. Tandis qu'il peignait le portrait de la petite infante Marguerite, il imagina de prendre pour sujet de tableau la scène entière qu'il avait sous les yeux, et dont lui-même était l'acteur principal. Cette scène se passe dans une longue galerie du palais de Madrid. A gauche est Velazquez, debout devant un chevalet, sa palette à la main; en face de lui, la jeune infante, qu'on cherche à distraire de l'ennui de son immobilité. Une de ses femmes, à genoux, lui présente à boire dans un vase des Indes, et les deux nains historiques, Nicolasito Pertusano et Maria Barbola, taquinent un gros chien qui souffre très-patiemment leurs impertinences. Deux figures répétées au loin dans une glace témoignent que Philippe IV et sa femme sont présents à la séance, assis sur un canapé latéral. Enfin, et tout au bout de la galerie, un gentilhomme, prêt à sortir, entr'ouvre une porte qui donne issue sur des jardins. Ce tableau est un de ceux, en petit nombre, qui n'ont de secrets pour personne, qui frappent et satisfont les ignorants comme les sages, les profanes comme les initiés. Si on l'isole des autres objets, si les yeux n'aperçoivent rien au delà de ses bords, il est impossible de rencontrer une trace de peinture, de ne pas croire à la réalité des choses. Tous ces objets sont palpables, tous ces êtres sont vivants; l'air joue au milieu d'eux, les enveloppe et les pénètre; on compterait les pas de la galerie, on baisse les paupières à la resplendissante clarté de cette porte entr'ouverte; on voit respirer ces personnages, on les entend parler. Charles II ayant conduit devant ce tableau le Giordano, nouvellement arrivé en Espagne : « Sire, s'écria dans son enthousiasme l'artiste ita-
» lien, c'est la *théologie de la peinture!* » Tel est le nom que l'on donne maintenant à celui des ouvrages de Velazquez qui exprime le mieux sa manière et son talent.

A ce tableau se rattache une circonstance intéressante de la vie de son auteur. On raconte que lorsqu'il l'eut terminé, après diverses corrections, il le présenta, comme toutes ses œuvres, à Philippe IV, auquel il demanda s'il croyait qu'il n'y manquât plus rien : « Encore » une chose, » répondit le prince; et prenant la palette des mains de Velazquez, il alla peindre sur la poitrine de l'artiste, représenté dans le tableau, la croix de l'ordre de Saint-Jacques. Cette croix est telle encore, dit-on, que la traça la main royale.

S'il fallait caractériser en un mot le talent de Velazquez, on pourrait l'appeler, comme Jean-Jacques Rousseau, l'homme de la nature et de la vérité. Dans les sujets qui n'exigent ni l'élévation du style, ni la grandeur de la pensée, ni la sublimité de l'expression, lorsqu'il faut n'être que naturel et vrai, Velazquez paraît sans rival. Quoiqu'il peignît du premier jet, sans hésitation, sans retouches; quoiqu'il se jouât des difficultés de la forme comme de celles de la lumière, son dessin est toujours d'une irréprochable pureté. D'une autre part, sa couleur est ferme, sûre et précisément naturelle; rien de brillant, rien d'affecté, aucune recherche d'effet ou d'éclat; mais aussi rien de terne, rien de pâle, aucune habitude d'un ton dominant et défectueux. Quant à l'entente des plans divers, à la distribution de la lumière, à la diffusion de l'air ambiant; enfin, quant à la perspective linéaire et aérienne, c'est par là surtout qu'excelle Velazquez; c'est par là qu'il a trouvé le secret de la plus parfaite illusion. « Il a su peindre l'air, » dit énergiquement Moratin. Certes, si l'art de peindre n'était que l'art d'imiter la nature, Velazquez serait probablement le premier peintre du monde. Peut-être est-il du moins le premier maître. En effet, la force de conception, la profondeur de pensée, le sentiment, l'expression, toutes les qualités du génie, ne s'acquièrent point; ce sont des dons du ciel auxquels l'éducation ne saurait suppléer. Qu'enseigne-t-on dans les écoles? la manière de mettre ces dons en œuvre, le procédé pour les appliquer à l'art. On y apprend la science des contours et des tons, les lois de la perspective, le maniement du pinceau, les ressources et les subtilités du métier, en un mot tous les moyens matériels d'exprimer sur la toile ce que l'œil regarde ou ce que l'imagination conçoit. Or, toutes les écoles ont leurs défauts, qui tiennent, soit à l'époque, c'est-à-dire aux modes et aux erreurs de convention régnantes, soit au maître lui-même, c'est-à-dire aux vices particuliers de sa manière ou de son goût. Ces défauts, on ne peut les corriger que par l'étude de la nature, invariable modèle que n'altèrent jamais les caprices de la mode ni les erreurs de l'homme. Mais la vue seule des objets n'apprend point assez les procédés d'exécution; il faut mieux que cela : il faut la vue de la représentation de ces objets. La meilleure école est donc celle où l'imitation touche de plus près à la réalité; où les procédés les plus simples et les plus habiles produisent le résultat le plus vrai, l'illusion la plus complète; où l'art s'efface, où la nature se montre. Voilà précisément ce qui peut faire dire à juste titre que Velazquez est le premier des maîtres.

MURILLO.

Ainsi que Velazquez, son prédécesseur et son maître, Murillo naquit à Séville. Il y fut baptisé, le 1ᵉʳ janvier 1618, dans l'église de Santa-Maria-Magdalena, sous les noms de Bartolomé-Esteban (Barthélemy-Étienne); et comme son père s'appelait Gaspar Esteban Murillo, que ce nom d'Esteban est également donné à ses ancêtres, on peut croire que ce n'était pas simplement un prénom, mais une partie de son nom de famille. Aussi Zean-Bermudez le classe-t-il, dans son *Dictionnaire historique*, sous le nom de Esteban-Murillo. Sa mère s'appelait Maria Perez.

On ne sait rien de précis sur les parents de Murillo; mais, à voir l'histoire de ses débuts, nul doute qu'ils ne fussent d'une humble condition. Après une première jeunesse triste et illettrée, qu'il passa dans la plus complète obscurité, Murillo fut placé par son père chez le peintre Juan del Castillo, son parent éloigné, qui lui donna, comme par charité, les premières leçons de l'art où il devait trouver une si éclatante renommée. Ce Castillo dessinait correctement; mais il ne pouvait enseigner à Murillo que le coloris sec et froid qu'avaient rapporté de l'école florentine Luis de Vargas, Pedro de Villegas et quelques autres professeurs de Séville. Murillo perdit même bientôt ce maître, qui alla se fixer à Cadix, et l'on peut dire qu'il n'en eut longtemps d'autre que lui-même. Privé d'un guide intelligent et d'études sérieuses, obligé de vivre de son pinceau avant d'en avoir appris l'usage, n'ayant pu enfin ni s'essayer ni se connaître, le pauvre Murillo ne pouvait faire de grands progrès dans un art qui n'était encore pour lui qu'un métier : aussi fut-il tout bonnement peintre de pacotille. Il barbouillait, sur de petits carrés de toile ou de bois, ces vierges qui sont représentées écrasant la tête du serpent, et qu'on appelait des *Notre-Dame de Guadalupé* (Nuestra-Señora de Guadalupe). Il les vendait à la douzaine, au prix d'une à deux piastres la pièce, suivant leurs dimensions, aux armateurs des galions d'Amérique, lesquels répandaient cette marchandise, avec les *bulles de la croisade* et autres indulgences, parmi les populations nouvellement converties du Mexique et du Pérou. Toutefois, ces exercices, ces travaux de manœuvre, en lui apprenant le maniement de la brosse, adoucirent son coloris, qui cessa d'être dur pour rester faux et maniéré.

Murillo avait vingt-quatre ans lorsque son heureuse étoile fit passer par Séville le peintre Pedro de Moya, qui revenait de Londres à Grenade, rapportant dans sa patrie le bon goût et la brillante couleur que lui avait enseignés Van-Dyck. A la vue des ouvrages de Moya, Murillo tomba en extase, et sentit sa vocation. C'était l'étincelle qui allume le feu du génie. Mais que faire? Moya partait pour Grenade, et n'était lui-même qu'un élève; inutile d'aller à Londres : Van-Dyck venait de mourir; impossible d'aller en Italie, sans ressources et sans protecteur. Murillo prit un parti désespéré. Il acheta un rouleau de toile, le coupa en morceaux qu'il prépara et imprima de sa main; puis, ne prenant ni repos ni sommeil, il couvrit tous ces fragments de petites vierges, d'enfants Jésus et de bouquets de fleurs. Sa pacotille vendue, et quelques réaux en poche, sans demander conseil, sans prendre congé de personne, il partit, à pied, pour Madrid. C'était dans l'année 1643. Arrivé dans la capitale, il alla se présenter à Velazquez, son aîné de vingt ans, qui était alors dans toute sa gloire et toute sa fortune. Le peintre du roi accueillit avec bonté le jeune voyageur; il l'encouragea, le produisit, lui fournit du travail utile, mit à sa disposition les modèles que contenaient les palais royaux, l'Escorial et son propre atelier, lui donna enfin des conseils et des leçons.

Murillo passa deux années à étudier sans relâche les maîtres dont il affectionnait le plus la manière, c'est-à-dire les coloristes, Titien, Rubens, Van-Dyck, Ribera, Velazquez; puis, moins tourmenté des rêves d'ambition que du besoin d'indépendance, il quitta Madrid en 1645, et revint à Séville. On ne s'était pas aperçu de son absence; aussi la surprise fut grande lorsque, l'année suivante, on vit paraître les trois tableaux qu'il peignit pour le petit cloître du couvent de San-Francisco, *un Moine en extase, les Aumônes de saint Diego et la Mort de sainte Claire**. Chacun se demandait où il avait appris ce nouveau style, si attrayant, si noble, si magistral, dans lequel se trouvaient réunies la façon de Ribera, celle de Van-Dyck et celle de Velazquez, et qui surpassait peut-être chacune d'elles par leur propre mélange. Malgré l'envie qui naît toujours à côté du succès, malgré les rivalités haineuses de Valdès-Leal et de Herrera le Jeune, qu'il détrônait du premier rang, Murillo sortit bientôt de l'indigence et de l'obscurité. En 1648, il avait acquis une position assez florissante pour obtenir la main d'une dame noble et riche de la petite ville de Pilas, doña Beatriz de Cabrera y Sotomayor.

Depuis son retour à Séville, en 1645, jusqu'à sa mort, arrivée le 3 avril 1682, Murillo ne sortit plus de son pays; je dirais presque de son atelier, car c'est pendant ces trente-sept

---

* Si je cite ce magnifique ouvrage, l'un des plus précieux de la Galerie Aguado, ce n'est que comme document historique; car le propriétaire de cette galerie, par une réserve pleine de bon goût, a désiré qu'aucun des tableaux qui la composent ne fût mentionné dans ces *Notices*.

années qu'ont été produits les innombrables ouvrages qu'il a laissés. N'ayant point affermé son talent à l'égoïsme d'un protecteur royal, libre de le mettre au service de quiconque en faisait choix et savait dignement le récompenser, Murillo put mettre à profit son goût passionné du travail et sa facilité prodigieuse. Les chapitres, les couvents, les grands seigneurs accablèrent à l'envi de leurs commandes le peintre de Séville. Il est, en Espagne, peu de maîtres autels de cathédrales, peu de sacristies de couvents dotés, qui n'aient possédé quelque effigie de leurs saints patrons tracée de sa main, peu d'illustres maisons qui n'aient eu de lui quelque portrait de famille. Séville surtout était comme inondée des œuvres de Murillo; sa vaste cathédrale, ses nombreuses paroisses et ses couvents plus nombreux encore, en avaient tapissé leurs chapelles et leurs cloîtres. Le couvent de *los Capuchinos,* par exemple, possédait encore, au commencement de ce siècle, jusqu'à dix-neuf tableaux importants de Murillo, et l'hôpital de *la Caridad* avait, dans sa petite église, huit de ses plus vastes compositions, *Moïse frappant le rocher, le Retour de l'Enfant prodigue, saint Jean de Dieu emportant un pauvre, Abraham adorant les trois Anges, la Multiplication des pains dans le Désert, Jésus à la Piscine, saint Pierre délivré de ses liens,* et *sainte Élisabeth de Hongrie***. On a remarqué que l'époque de la vie de Murillo la plus féconde et la plus glorieuse, celle où il a le plus produit et de plus grandes choses, est l'époque comprise entre 1670 et 1680, lorsqu'il avait de cinquante ans passés à plus de soixante ans : nouvelle preuve que, dans les arts comme dans la littérature, les meilleures œuvres sont celles d'un homme de génie à son déclin, lorsqu'il lui est donné de réunir au feu d'une imagination toujours jeune l'expérience et la sûreté de l'âge mûr.

Murillo ne s'occupait pas dans son seul intérêt de l'art qui faisait sa gloire et sa fortune. Véritable fondateur de l'école de Séville, il comptait parmi ses élèves les peintres qui, après lui toutefois, ont le plus illustré cette école, Gomez, Villavicenzio, Meneses-Osorio; avec leur aide, et l'assistance des autorités municipales, qui lui livrèrent une partie du grand bâtiment de la Bourse (*la Lonja*), il établit une académie publique de dessin, dont il fut le premier directeur et le premier maître; elle fut solennellement ouverte le 11 janvier 1660. Néanmoins, Murillo ne put trouver d'élèves dans sa propre famille. Son fils aîné, don Gabriel, alla faire le commerce dans les Indes occidentales; son second fils, don Gaspar, après s'être essayé sans succès dans la peinture, se fit prêtre, et mourut chanoine de la cathédrale; enfin, sa fille, doña Francisca, prit le voile dans le couvent de *la Madre-de-Dios.*

En 1681, Murillo fut appelé à Cadix pour peindre, sur le maître autel du couvent de *los Capuchinos,* le grand tableau du *Mariage de sainte Catherine.* Une chute qu'il fit de l'échafaud sur lequel il travaillait le rendit gravement malade, et le força de revenir à

---

* Les prix de ces divers ouvrages, mentionnés dans les archives de l'hospice de *la Caridad*, prouvent quelle estime on faisait dès lors, dans son pays, et de son vivant même, du talent de Murillo. Il reçut, pour *la Multiplication des pains*, 15,975 réaux de vellon ; pour le *Moïse*, 13,300 ; pour le *saint Jean de Dieu* et la *sainte Élisabeth*, 16,840, et pour les quatre autres, plus petits, 32,000 ; ce qui fait, pour les huit tableaux, environ 20,000 francs, somme considérable pour le temps et pour le pays.

Séville. Après avoir langui quelque temps, il expira le 3 avril 1682, et fut enterré dans un caveau de l'église de Santa-Cruz, précisément sous la chapelle où se trouvait la fameuse *Descente de Croix* de Pedro Campaña (Pierre de Champagne), devant laquelle il restait presque chaque jour en prière et en contemplation.

Quoiqu'il ait pris une tout autre direction que Velazquez, Murillo, comme son maître, s'est exercé dans tous les genres. Ses portraits, par exemple, valent ses tableaux. Mais, devenu peintre sans leçons et sans études préliminaires, il n'acquit que par degrés son habileté universelle. On raconte qu'il s'était associé d'abord avec un paysagiste nommé Iriarte. Celui-ci peignait les fonds des tableaux de Murillo, lequel peignait à son tour les figures qu'Iriarte voulait placer dans ses paysages. Les deux amis se brouillèrent, et Murillo, resté seul, se mit bientôt en état de peindre lui-même toutes les parties de ses tableaux. On croirait, à voir les paysages, peu nombreux mais charmants, où il s'est exercé, qu'il voulût dire à son collaborateur : « Tu m'as quitté; vois, je n'ai plus besoin de ton aide. »

Pour la fécondité, Murillo ne peut être comparé qu'à son compatriote Lope de Vega. Comme ce poëte, il eut une jeunesse perdue pour l'art; comme lui, il employa sans relâche le reste de sa vie, et, dans son genre, il égala presque les dix-huit cents comédies, les quatre cents *autos sacramentales*, les poëmes épiques et burlesques, les épîtres, les sonnets, les nouvelles de celui que Cervantès appelait, dans son admiration, un *monstre de nature*. Cette facilité merveilleuse, jointe à l'indépendance qu'il conserva toute sa vie, explique comment Murillo, à la différence de Velazquez, put répandre dans toute l'Espagne, et même dans l'Europe, ses œuvres et son nom. Mais plusieurs autres points de dissemblance séparent ces deux grands artistes, et les indiquer sera la meilleure manière de faire connaître celui qui nous occupe.

Si Velazquez, peintre du roi, riche, pensionné, travaillant à loisir et toujours pour le même client, a laissé moins d'ouvrages, en revanche, il a pu leur donner à tous des soins égaux, une perfection égale et digne du royal acheteur auquel ils étaient tous destinés. Au contraire, si Murillo, peintre du public, mesurant son revenu à son travail, bientôt célèbre et chargé de commandes, a beaucoup plus produit, il n'a pas toujours eu le temps de mûrir ses conceptions et d'en achever laborieusement les détails. Comme un *maestro* écrivant à la fois des opéras pour plusieurs théâtres, il s'est répété souvent, et s'est fait son propre plagiaire. Par ces raisons, il y a beaucoup plus de choix dans ses œuvres, où quelquefois l'évidente précipitation trahit et rappelle son ancien métier : on pourrait les croire encore destinées aux Indes.

Velazquez, nous en avons fait précédemment l'observation, redoutait les sujets sacrés; il ne se sentait à l'aise que dans les scènes de la vie ordinaire, de la vie simplement humaine, où le plus grand mérite est la vérité. Murillo, tout au contraire, doué d'une imagination brillante, intarissable, animé de sentiments délicats et tendres, capable même d'exaltation, affectionnait surtout les compositions religieuses, où l'art peut et doit franchir les bornes de la nature pour s'élancer dans le monde idéal. C'est là qu'il a frayé sa route, et une route toute nouvelle, même après les maîtres italiens; car, dans ses *Extases* et ses *Apparitions célestes*, par exemple, il a fait comme par habitude ce que les plus illustres d'entre eux avaient à peine osé tenter une fois. Dans les *Saintes Familles*, les vierges de Murillo ne sont pas raphaéliques; elles restent plus près de la nature, et l'on en peut retrouver le type dans toute jeune mère, belle, douce et tendre; c'est pour les *Assomptions* (qu'on appelle plus communément *Conceptions* en Espagne) qu'il réserve à ses vierges une expression grandiose, inspirée. Mais à son Christ, enfant ou homme, il a su toujours donner un caractère vraiment surnaturel, vraiment divin. Voyez le *Jésus au Mouton*. Quelle noblesse, quelle grandeur dans cet enfant qui ne joue pas, mais qui pense, dans cette pose hardie, dans ce front déjà méditatif, dans ce regard fier et profond! Voyez aussi cet aimable groupe de *Jésus et saint Jean*. Peut-on concevoir deux enfants plus beaux, plus naïfs, plus épris d'une tendre amitié? Comme ils marchent, quoique embrassés, avec aisance et grâce! comme ils s'étreignent avec amour! quelle ravissante expression de bonté dans le fils de Marie, approchant un coquillage plein d'eau des lèvres de son jeune ami, et, dans le regard attendri du fils d'Élisabeth, quelle promesse de reconnaissance et de dévouement! Voyez encore le *Jésus adoré par sa Mère et par saint Joseph*. Où trouver une expression de sublimité contemplative égale à celle de cet enfant divin, qui, monté sur le fût d'une colonne pour échapper à la terre, se réunit par la pensée aux deux autres personnes de la Trinité, planant sur sa tête au plus haut des cieux[*]? Voyez enfin le *Christ en Croix*, c'est-à-dire ce même enfant précoce accomplissant, devenu homme, le sacrifice auquel il avait voué sa vie. Il est seul; la nuit, qui règne, cache la vue du reste de la nature. Sur un fond de deuil se détache le corps pâle du Sauveur expiré. On admirerait ses formes, aussi belles que celles de l'Apollon Pythien, si l'âme pouvait conserver à ce spectacle une pensée terrestre; mais de plus hautes émotions la saisissent. Le sang ruisselle de ses mains et de ses pieds, que les clous retiennent au bois infâme; sa tête est lourdement penchée, et, de la couronne d'épines qui l'étreint encore, s'échappent de blonds cheveux, dont les boucles sanglantes voilent ses yeux éteints, et couvrent tout le visage d'une ombre lugubre. Jamais on n'a donné à la mort du juste une tristesse plus profonde, une majesté plus solennelle; jamais on n'a tracé plus grande image de l'Homme-Dieu. En la voyant, Arius lui-même se fût un moment converti.

Revenons au parallèle de Velazquez et de Murillo. Le premier, n'ayant qu'un but, n'avait qu'une manière. Qu'il cherchât la perfection dans l'audace et la naïveté du premier jet, ou dans la correction des retouches et du fini, ce qu'il voulait atteindre, c'était l'exactitude, la précision, l'illusion de la vérité. Murillo, moins épris de la réalité que de la poésie, et s'adressant plus à l'imagination qu'à l'esprit, variait sa méthode avec son sujet. Ce qu'on croirait difficilement, si les dates connues de ses plus célèbres compositions ne l'attestaient

---

[*] Ce tableau a été récemment acheté par la *National Gallery* de Londres au prix de 150,000 francs.

sans réplique, Murillo n'a point eu, comme presque tous les autres peintres, des manières successives, des phases dans sa vie d'artiste; mais il avait à la fois trois genres qu'il employait alternativement, et suivant l'occasion. Ces trois genres sont appelés, par les Espagnols, *froid, chaud* et *vaporeux* (*frio, cálido y vaporoso*). Leurs noms les désignent suffisamment, et l'on conçoit également bien le choix de leur emploi. Ainsi, les polissons, les mendiants, les scènes familières, sujets où Murillo n'excellait pas moins que dans ceux de haut style, seront peints dans le genre froid. Il en sera de même des histoires de moines, des anecdotes prises dans les légendes de couvent, et même de certains sujets sacrés qui n'exigent que de la grâce et de la candeur. Telle est, par exemple, *la Sainte Famille au petit chien* (*la Sacra Familia del perrito*), où ne se trouvent précisément ni l'enfant-Dieu, ni la vierge-mère, ni leur commun père nourricier, mais où l'on voit un bon menuisier qui pose son rabot, et sa ménagère qui laisse arrêter son rouet, pour regarder tendrement leur jeune fils, petit espiègle qui fait aboyer un épagneul contre l'oiseau qu'il cache dans sa main.

Le genre vaporeux, qui convient surtout aux miracles et aux mystères, n'est guère employé par Murillo que dans ses tableaux de petite ou de moyenne dimension. On peut citer pour exemple *le Martyre de saint André*, l'un des chefs-d'œuvre du genre. Une teinte argentée, que semblent verser du ciel les anges qui montrent la palme immortelle au vieillard crucifié, enveloppe tous les objets, adoucit les contours, harmonise les tons, et donne à la scène entière un aspect nuageux, fantastique, plein de charme et d'effet. Ce même phénomène, si l'on peut ainsi dire, se retrouve dans la plus petite des deux *Annonciations* que possède le musée de Madrid, qui est aussi la plus célèbre et la meilleure. C'est au milieu de cette atmosphère céleste que le bel archange Gabriel apparaît à la jeune Marie. Celle-ci priait, agenouillée; le messager d'en haut s'agenouille à son tour devant celle qui doit porter dans son sein le fruit de vie. Un brillant chœur d'anges, sur lequel ces deux figures semblent se détacher en relief, remplit tout l'espace; et, sur ce fond lumineux, brille, plus lumineux encore, l'esprit opérateur, qui vient sous la figure d'une blanche colombe accomplir le mystère annoncé. Jamais, à moins de l'avoir vu, je n'aurais imaginé qu'avec les teintes d'une palette on pût imiter à ce point l'éclat d'une lueur miraculeuse, et faire jaillir de la toile des rayons de lumière. C'est le triomphe du coloriste.

Le genre chaud est celui que Murillo semble avoir affectionné davantage, et qu'il employait le plus souvent. Toutes ses *Extases* de saints, et le nombre en est grand, sont traitées dans ce genre. On en compte quatre dans le seul musée de Madrid : *saint Bernard, saint Augustin, saint François d'Assise* et *saint Ildephonse*. Quoique le fond du sujet fût le même dans ces sortes de compositions, Murillo savait très-habilement les varier, soit par le caractère de la vision, soit par les arrangements de détail. Ainsi, par exemple, à saint Ildephonse apparaît la Vierge, qui lui descend d'en haut une chasuble pour sa nouvelle dignité d'archevêque; devant saint Augustin, les cieux s'ouvrent, et lui montrent à la fois la Vierge immaculée et Jésus crucifié; saint François d'Assise, visité par Marie et son fils, leur offre, en échange du jubilé de la Portioncule, les roses miraculeuses qu'ont produites au printemps les verges d'épines dont il s'est flagellé tout l'hiver; enfin saint Bernard, exalté par les méditations et le jeûne, voit apparaître dans son humble cellule l'enfant Jésus, porté par sa mère, sur un trône de nuages, au milieu de la céleste milice.

Il faut réfléchir aux prodigieuses difficultés que présentent de semblables sujets, pour louer dignement Murillo de les avoir si souvent choisis et d'avoir produit autant de fois un chef-d'œuvre. L'effet général résulte principalement de l'opposition que forme avec la lumière du jour, dont les objets d'en bas et du dehors sont éclairés, la lumière de l'apparition, qui illumine le haut et l'intérieur du local. A cet effet doivent s'ajouter le caractère extatique du saint et le caractère divin de la vision. En tous ces points, Murillo surpasse ce que l'imagination pouvait espérer et concevoir. Son jour de la terre est parfaitement naturel et vrai; son jour du ciel est comme cette lueur radieuse du Saint-Esprit, dont je parlais tout à l'heure. On trouve dans les attitudes de ses saints, et dans l'expression de leurs traits, tout ce que la plus ardente piété, tout ce que l'exaltation la plus passionnée peuvent sentir et exprimer dans un excès de surprise, de ravissement et d'adoration. Quant aux figures des visions, l'on a déjà dit ce qu'étaient ses vierges et ses Christs; mais là, ils ne sont pas seuls, comme pendant leur séjour sur la terre; ils viennent dans la pompe d'un céleste cortége, où se groupent merveilleusement tous les esprits de la hiérarchie immortelle, depuis l'archange aux ailes déployées jusqu'aux faces sans corps des petits chérubins. C'est dans ces sujets de divine poésie que le pinceau de Murillo, comme la baguette d'un enchanteur, enfante vraiment des prodiges. Si, dans les scènes copiées de la vie humaine, il est l'égal des plus grands coloristes, il est supérieur à tous, il est unique, dans les scènes imaginées de l'éternelle vie. On pourrait dire, à propos des deux grands maîtres espagnols, que Velazquez est le peintre de la terre et Murillo le peintre du ciel.

On place généralement au-dessus de toutes ses compositions dans le genre chaud l'extase de *saint Antoine de Padoue*, qui occupe une chapelle de la cathédrale de Séville. C'est aussi, je crois, la plus vaste toile qu'ait peinte Murillo. Quand je la vis, j'étais bien jeune, et le goût des arts, ce goût réfléchi, grave et profond, ne s'était pas encore fait jour à travers la légèreté de l'âge; et pourtant, je restai, comme le pieux cénobite, en extase devant les cieux ouverts. Un chanoine, qui avait bien voulu me servir de *cicerone*, me raconta qu'après la retraite des Français, en 1813, lord Wellington avait offert d'acheter ce tableau pour l'Angleterre en le couvrant d'onces d'or. Cela devait faire une somme énorme, à juger des toises carrées; mais le chapitre était trop riche et trop fier pour accepter un tel échange. L'Angleterre a gardé son or, et Séville, le chef-d'œuvre de son peintre. Honneur à Séville!

Au reste, Murillo ne s'est pas toujours tenu strictement renfermé dans les limites de ses trois genres, et l'on éprouverait un grand embarras s'il fallait absolument classer dans l'un d'eux certaines compositions où il semble plutôt avoir voulu, non les exclure, mais les confondre. Telle est, entre autres, celle des œuvres de Murillo que la voix presque unanime de ses admirateurs proclame la plus grande et la plus parfaite, *sainte Élisabeth de Hongrie* (*santa Isabel de Hungria*), qui est maintenant à l'Académie de Madrid. Dans un vestibule de simple et noble architecture, la pieuse reine s'occupe à gagner le paradis, non point par de stériles oraisons, mais par des actes de vraie charité. Les rois de France guérissaient les écrouelles; il paraît que les rois de Hongrie avaient une autre spécialité : sainte Élisabeth, puisqu'il faut appeler les choses par leur nom, panse et lave des teigneux. Ce sujet réunissait merveilleusement les deux manières extrêmes de Murillo : la misère sale, déguenillée et vermineuse de ses petits mendiants; la grandeur simple, noble et sublime de ses saints. De là naît aussi le charme d'un perpétuel contraste et d'une haute moralité. Ce palais converti en hôpital; d'un côté, ces dames de la cour, belles, fraîches et parées; de l'autre, ces enfants souffreteux et rachitiques, qui se grattent, qui déchirent de l'ongle leurs poitrines sans vêtements et leurs têtes sans cheveux, ce paralytique porté sur des béquilles, ce vieillard qui étale les plaies de ses jambes, cette vieille accroupie dont le profil décharné se dessine si nettement sur un pan de velours noir; là, toutes les grâces brillantes du luxe et de la santé; ici, tout le hideux cortége de la misère et de la maladie; puis, au milieu de ces extrêmes de l'humanité, la charité qui les rapproche et les réunit. Une jeune et belle femme, portant sur le voile de nonne la couronne de reine, éponge délicatement la tête impure qu'un enfant couvert de lèpre lui présente au-dessus d'une aiguière d'argent. Ses blanches mains semblent se refuser à l'œuvre que son cœur ordonne. Sa bouche frissonne d'horreur en même temps que ses yeux se remplissent de larmes; mais la pitié a vaincu même le dégoût, et la religion triomphe, la religion qui commande l'amour du prochain.

Dans ce tableau, je le répète, Murillo n'a fait choix d'aucun de ses trois genres et n'en a proscrit aucun; ils s'y trouvent plutôt tous trois réunis dans leurs plus éminentes qualités. L'ordonnance de la scène est magnifique; chaque détail concourt avec bonheur à l'ensemble; chaque personnage, admirable en soi, sert encore à faire valoir les autres. On ne désire rien de plus, rien de moins, rien d'autrement, et l'on croirait, tant cet ensemble est parfait, que le moindre changement dût en gâter l'harmonie et détruire l'effet général. Les attitudes, nobles ou grotesques, sont également variées et naturelles; les expressions de la pitié ou de la douleur, pleines d'énergie et de vérité; le dessin, d'une hardiesse et d'une pureté qui défient toute censure; la couleur, de cet éclat magique dont Murillo seul eut le secret. Ah! s'il est encore une place, sur le trône de l'art, entre *la Transfiguration* et le *saint Jérôme*, qu'on y porte la *sainte Élisabeth*, et qu'à côté du nom de Raphaël on inscrive le nom de Murillo sur les tables d'immortalité!

RIBERA.

On raconte que, dans les premières années du xvii° siècle, un cardinal, passant en carrosse dans les rues de Rome, aperçut un jeune homme, à peine sorti de l'enfance, qui, demi-nu, couvert de haillons, ayant à ses côtés, sur une pierre, quelques bribes de pain données par la charité, dessinait avec une profonde attention les fresques de la façade d'un palais. Ému de pitié à la vue de tant de misère et de tant d'application, le cardinal appela cet enfant, l'emmena chez lui, le fit vêtir décemment, et l'admit dans cette demi-domesticité qu'on appelait alors la *famille* d'un grand seigneur. Il apprit que son jeune protégé se nommait Josef de Ribera; qu'il était né, le 12 janvier 1588, à Xativa (aujourd'hui San-Felipe), près de Valence, en Espagne; que son père, Luis de Ribera, et sa mère, Margarita Gil, l'avaient envoyé de bonne heure dans cette capitale de la province pour qu'il y étudiât les humanités; mais que son penchant irrésistible pour les beaux-arts lui avait fait préférer aux classes universitaires l'atelier de Francisco Ribalta; qu'au moyen de fortes études, sous la direction de ce maître distingué, il avait fait des progrès assez rapides pour être bientôt chargé de quelques travaux importants; mais qu'alors s'était éveillée chez lui la passion d'aller étudier l'art à sa source, qu'il n'avait plus rêvé que Rome et ses merveilles, et qu'abandonnant famille, amis, patrie, il était arrivé dans cette capitale du monde artiste, où, sans appui, sans ressources, faisant de la rue son atelier et d'une borne son chevalet, copiant les statues, les fresques, les passants, il vivait de charités de ses camarades, qui l'appelaient, faute d'un autre nom, le petit Espagnol (*lo Spagnoletto*).

Ribera se trouvait alors précisément dans la position qu'avait occupée, quarante ans plus tôt, son immortel compatriote Cervantès, puisque l'auteur du *Don Quichotte* avait été, à Rome aussi, *camarero* du cardinal Giulio Acquaviva. Mais le grand peintre, pas plus que le grand écrivain, ne pouvait se condamner longtemps à la molle oisiveté de l'antichambre d'un prince de l'Église : tous deux étaient appelés à une destinée plus active et plus noble. Cervantès avait quitté son protecteur, ou, si l'on veut, son maître, pour se faire soldat, pour aller combattre à Lépante, et passer cinq ans captif dans les bagnes d'Alger; Ribera, au bout de quelques mois écoulés dans l'inaction, dans la paresse, se sent enfin rougir de l'abaissement où il se voyait tombé. Il retrouve au fond du cœur cet amour de l'art, ces espérances d'avenir, cette soif de science et de gloire qui l'ont amené de Valence à Rome. Un beau jour, jetant sa livrée et reprenant ses haillons, il s'enfuit de la maison du cardinal, et va reprendre joyeusement sa vie de pauvreté, de travail et d'indépendance. On l'accusa d'ingratitude, on le traita d'incorrigible vagabond; mais, plus tard, voyant ses travaux et ses succès, le bon prêtre qui l'avait recueilli lui pardonna sa fuite, et le félicita même d'avoir préféré aux douceurs d'une facile aisance la noble et laborieuse passion de son art.

Devenu libre, et reprenant ses chères études avec toute l'ardeur d'un penchant comprimé, Ribera était arrivé à ce moment où l'artiste consulte son goût et choisit sa manière. De toutes les grandes œuvres qui l'entouraient, celles qu'il admirait avec le plus d'enthousiasme, celles qui répondaient le mieux aux instincts de son propre génie, c'étaient les œuvres du fier et bouillant Michel-Ange Caravage; là, dans les formidables effets de son puissant clair-obscur, le jeune Espagnol voyait les derniers prodiges de l'art. Il brigua avec ardeur et obtint son admission dans l'atelier de ce maître. Mais il ne put longtemps recevoir ses leçons; le Caravage mourut en 1609, lorsque Ribera n'avait encore que vingt ans. Celui-ci, toutefois, avait si bien mis à profit les courts enseignements du professeur de son choix, il en avait si bien saisi le style et la manière, que déjà l'on ne pouvait plus distinguer entre les ouvrages du maître et ceux de l'élève.

A la mort du Caravage, Ribera quitta Rome et se rendit à Parme, où l'appelaient dès longtemps la grande renommée des œuvres de Corrège, et le désir de les connaître, de les apprécier. Devant ces œuvres, un nouvel enthousiasme le saisit. Il se mit à les étudier, à les copier avec une sorte de délire, et laissant sa première touche, forte et puissante, il passa en quelque sorte à l'extrême opposé, pour se faire doux, tendre et gracieux comme son nouveau modèle. On fut bien surpris, lorsqu'il revint à Rome, d'une si complète métamorphose; mais, loin de l'en féliciter, ses amis le blâmèrent. Soit que l'envie se fût éveillée, et qu'il semblât plus à craindre pour ses rivaux dans la ligne de Corrège que dans celle de Caravage, soit qu'en le maintenant dans son premier style on voulût susciter au Dominiquin, devenu vieux, et que Ribera n'aimait point, un émule plus redoutable, tous les amis du jeune Espagnol semblèrent réunir leurs efforts pour le ramener à la manière du Caravage, qui devait, lui disait-on, par sa nouveauté et sa puissance, lui procurer plus de gloire et plus d'argent. Que ces conseils fussent ou non désintéressés, Ribera, ce me semble, fit bien de les suivre. Son goût pour les sujets étranges, sombres et terribles, montre assez que la fougue de Caravage lui allait mieux que la suavité de Corrège. Toutefois, l'étude intelligente de celui-ci apporta dans le talent de Ribera un élément nouveau, et, en tempérant les défauts où pouvait le jeter la trop complète imitation du premier, elle fut certainement une des causes de l'incontestable supériorité qu'il obtint sur son maître.

Pour se délivrer des importunités de ses amis, vrais ou faux, pour exécuter plus librement les grandes conceptions qui commençaient à germer dans sa tête, et essayer enfin si le travail et le talent trouveraient en lui leur récompense, Ribera quitta Rome et se rendit à Naples, sans recommandations, sans argent, toujours isolé et toujours pauvre, au point qu'il fut, dit-on, contraint au départ de laisser en gage son manteau dans l'hôtellerie qu'il habitait. A Naples, il fit heureusement la rencontre d'un riche marchand de tableaux, auquel il offrit ses services. Le Napolitain, homme habile, mit à l'essai le jeune étranger, et, ravi d'un talent déjà si ferme et qui annonçait un si grand avenir, il se chargea du placement de ses œuvres, puis bientôt après lui offrit en mariage sa fille unique, héritière de toute sa fortune. Il est étrange, à ce propos, qu'aucune des biographies d'un peintre tel que Ribera, qui vécut si longtemps et si splendidement à Naples, n'ait conservé le nom de sa femme et de son beau-père, pas plus que celui du cardinal qui l'avait recueilli à Rome. Une fois marié, Ribera n'eut plus qu'à produire, trouvant dans la profession de son beau-père le moyen de répandre son nom et ses ouvrages. En peu de temps, il devint le plus célèbre et le plus estimé des peintres de Naples. Une circonstance bizarre aida même à fonder tout d'un coup sa réputation. La maison qu'il occupait avec la famille de sa femme était située sur la même place que le palais du vice-roi. Un jour, suivant la coutume italienne, son beau-père avait placé sur le balcon de sa maison, comme en exposition publique, un *Martyre de saint Barthélemy*, que Ribera venait d'achever. La foule, attirée par la vue de ce magnifique ouvrage, couvrit bientôt la place, faisant retentir l'air de ses cris d'enthousiasme. La rumeur devint telle, qu'à la petite cour espagnole on crut qu'une émeute éclatait, et qu'un Mazaniello haranguait le peuple. Le vice-roi sortit en armes, vit la cause du désordre, admira le tableau et manda l'artiste. Sa joie fut extrême lorsqu'il trouva en lui un compatriote, un Espagnol. Il le nomma aussitôt son peintre particulier, avec des appointements convenables, et lui donna un appartement dans son propre palais.

Ainsi Ribera venait d'atteindre en deux degrés, par son mariage et la faveur du vice-roi, le faîte de la fortune; il avait la richesse et l'autorité. Toutefois, des succès si prompts ne ralentirent pas son ardeur pour le travail, et ne firent, au contraire, que donner à son génie ardent tout l'élan qu'il attendait pour se produire. Les jésuites lui commandèrent plusieurs ouvrages pour leur couvent de Saint-François-Xavier et de *Jesu-Nuovo*; il fit, pour la chapelle du Trésor, dans la cathédrale, sous la coupole peinte par Lanfranc, le *saint Janvier sortant du four*, et enfin, pour les Chartreux, la fameuse *Descente de croix*, le chef-d'œuvre des tableaux que Naples ait conservés du peintre espagnol. Plusieurs de ses ouvrages se répandirent dans le reste de l'Italie et dans toute l'Europe; mais le plus grand nombre retourna dans sa patrie. Naples était alors une province d'Espagne; tous les grands seigneurs, qui s'y rendaient en parties de plaisir, et le vice-roi, comte de Monterey, qu'il appelait son Mécènes, et Philippe IV, enfin, si passionné pour les beaux-arts, comblèrent à l'envi Ribera de commandes richement rétribuées. L'étudiant déguenillé des rues de Rome devint bientôt le plus opulent, le plus somptueux des artistes, l'égal des grands et des princes. Il ne sortait jamais qu'en carrosse, et sa femme était toujours accompagnée d'un écuyer : circonstances qui formaient, il y a deux siècles, les limites du luxe et de l'ostentation. L'on raconte qu'un jour deux officiers de sa nation, infatués des prétendus miracles de l'alchimie, vinrent lui offrir une part dans leur fortune imaginaire s'il voulait avancer les fonds nécessaires aux premières recherches de la pierre philosophale. « Moi aussi je fais de l'or, leur répondit mystérieusement Ribera; revenez demain, je vous montrerai mon secret. » Fidèles au rendez-vous, les deux alchimistes trouvent le lendemain Ribera dans son atelier, donnant à un tableau les dernières retouches. Il appelle un domestique et le charge de porter ce tableau chez tel marchand qui lui comptera en échange 400 ducats; puis, le domestique revenu, et jetant les rouleaux sur la table : « Messeigneurs, dit le peintre, voilà de l'or de bon aloi sorti de mon creuset; je n'ai pas besoin d'autre secret pour m'en procurer en abondance. »

Il paraît que Ribera, portant une fougue extrême dans son travail, ne pouvait sans danger en soutenir longtemps l'effort. Aussi s'était-il imposé la règle de ne jamais peindre plus de six heures par jour, et seulement dans la matinée. A de fréquents intervalles, un domestique venait l'avertir du temps qui s'était écoulé. Le reste du jour était consacré à la promenade, aux visites, et surtout aux réceptions, car il tenait maison ouverte, et son atelier était le commun rendez-vous, non-seulement des artistes, mais aussi des principaux personnages de la cour. C'est chez lui que se formèrent ces *fazzioni di pittori*, ces coteries de peintres qui méritèrent en effet le titre de factions, puisqu'elles faisaient, même avec le poignard, la guerre aux écoles rivales. La *faction* de Naples, qui avait à sa tête Ribera, et qui ne permettait l'entrée de cette capitale à aucun peintre étranger à son école, comptait dans son sein deux spadassins, deux *bravi*, Correnzio et Caracciolo, lesquels, entourés d'autres jeunes turbulents, soutenaient à la pointe de l'épée la supériorité du maître. C'est ainsi qu'ils chassèrent de Naples les grands artistes qu'on avait appelés de toute l'Italie pour concourir avec Ribera aux décorations du *Duomo* de Saint-Janvier. Annibal Carrache, le Guide, le Josépin, furent obligés de s'enfuir, pour échapper aux coups de ces conjurés d'une nouvelle espèce. Après avoir également fui, le Dominiquin revint cependant achever le magnifique ouvrage dont Naples s'enorgueillit; mais il mourut avant d'avoir pu regagner Rome, et les bruits d'empoisonnement qui coururent à sa mort prouvent que ce forfait était au moins possible. On ne saurait trop blâmer, trop flétrir cette jalousie poussée jusqu'à la férocité. C'est une tache sur la vie d'un grand artiste, que ne rachètent, que ne justifient ni la grandeur du talent, ni l'éclat de la renommée.

Ribera ne devait porter envie à personne. Riche et célèbre, il obtint même toutes les distinctions, tous les honneurs que son art pouvait lui procurer. L'académie de Saint-Luc, à Rome, le reçut au nombre de ses membres dès 1630, dans l'année même où Velazquez alla le visiter à Naples, lors de son premier voyage en Italie, et, en 1644, le pape le décora de l'ordre du Christ. Le commencement de la vie de Ribera fut extraordinaire; on a voulu sans doute lui donner une fin semblable, quand on a raconté que le second don Juan d'Autriche ayant séduit et enlevé sa fille, il s'était mis à la poursuite du ravisseur, et que depuis lors on n'avait plus entendu parler de lui. Il n'y a rien de vrai dans cette anecdote; on sait au contraire que la fille unique de Ribera épousa un gentilhomme espagnol qui devint ministre de la vice-royauté de Naples, et que Ribera lui-même mourut paisiblement dans cette ville, en 1656, à l'âge de soixante-neuf ans.

Bien qu'il ait composé tous ses ouvrages en Italie, Ribera est peintre espagnol; d'abord au même titre que Nicolas Poussin et Claude Gelée (le Lorrain) sont peintres français, car tous deux aussi, nés en France, vécurent et travaillèrent en Italie, et Ribera oubliait si peu sa naissance, il s'en montrait si fier, qu'en signant ses meilleurs tableaux, il ne manquait jamais d'ajouter aux mots *Jusepe de Ribera*, le mot *Español*; ensuite, parce que sa manière est plus espagnole qu'italienne. En effet, pris en masse, les peintres italiens sont particulièrement *idéalistes;* ils cherchent le beau, même hors du réel, et généralement ils aiment mieux laisser à l'esprit le soin d'interpréter leur pensée et d'en mesurer l'étendue, que présenter matériellement à l'œil du spectateur tous les objets qui devraient concourir à l'expliquer. Au contraire, les peintres espagnols, également pris en masse, sont particulièrement *naturalistes*, en ce sens qu'ils cherchent moins le beau que le vrai, et qu'ils expriment leurs pensées par la reproduction complète et matérielle de tous les objets qu'elle embrasse. Murillo, par exemple, celui de tous les maîtres espagnols qui a mis le plus de poésie et d'idéal dans ses compositions, Murillo n'a jamais recours aux symboles, aux allégories; il va droit au fait, même dans les sujets où le fait semble manquer. S'il veut peindre un saint en extase, il représentera l'extase même du saint, l'apparition qui n'est que dans son esprit exalté. Il montrera le ciel ouvert, ses habitants, sa lumière, ses pompes et ses spectacles. Certes, Murillo n'a jamais rien vu de semblable; mais il imagine tout cela plutôt que de le sous-entendre; et s'il peint Jésus sur la terre, reportant son âme au ciel par la pensée, il ne se contentera point d'exprimer cette pensée par les yeux, le geste et l'expression de la physionomie du Christ; il montrera, dans le haut du tableau, le Père et le Saint-Esprit planant sur des nuages; il représentera enfin par des objets visibles jusqu'à la pensée intérieure.

Parmi ces peintres *naturalistes*, Ribera doit occuper le premier rang, non pas seul et sans égal, mais au moins sans supérieur. Si Velazquez prend la nature avec plus de franchise et de naïveté, ou plutôt s'il l'accepte telle qu'elle est, en revanche, Ribera, qui l'accommode à ses goûts, à ses caprices, en tire des effets plus forts et plus saisissants. On pourra lui reprocher, par exemple, d'exagérer à dessein les oppositions de la lumière et de l'ombre, pour produire quelques merveilleux résultats de clair-obscur; de choisir des têtes de vieillards, chauves et barbues, des mains ridées et calleuses, des corps décrépits et contournés, pour mieux montrer sa science de l'anatomie musculaire; de chercher d'ordinaire, dans le choix de ses sujets, dans les traits et les attitudes de ses personnages, dans tous les détails des scènes qu'il représente, ce qu'il y a de plus terrible, de plus sauvage, de plus hideux même et de plus repoussant, pour porter l'émotion du spectateur jusqu'à l'horreur et l'effroi. Mais il faudra bien cependant convenir que cette lumière et ces ombres, que ces têtes, ces mains et ces corps, que ces sujets enfin avec tous leurs détails, sont possibles, sont vraisemblables, ce qui suffit dans les arts pour être vrai; il faudra convenir ensuite qu'ils sont rendus, dans les conditions adoptées par l'artiste, avec une fidélité merveilleuse, avec une incomparable énergie de pinceau, et que nul peintre, de nulle école, n'a porté plus loin, dans l'exécution matérielle de ses œuvres, la force, l'audace, la grandeur, l'éclat et la solidité. Ribera, d'ailleurs, peut-être seul entre tous les peintres, semble s'être joué d'une difficulté formidable de la peinture, que Rembrandt aussi s'est appliqué quelquefois à vaincre; il a résolu mieux que tout autre un problème fort important dans son art: c'est que ses ouvrages, j'entends les plus soignés, n'ont pas besoin qu'on leur cherche un *point de vue*, et qu'ils peuvent être vus de toute place. Qu'on les examine dans leurs détails, de près, minutieusement et à la loupe, ou qu'on en regarde l'ensemble, l'aspect général, à trente pas de distance, ils produiront le même effet, le même saisissement, et sembleront toujours faits pour la perspective où se trouve le spectateur.

Au reste, il faut distinguer dans les ouvrages de Ribera les deux manières dont il s'est alternativement servi, celle de Corrège et celle de Caravage. Dans la première, il semble s'être appliqué à fuir tous les défauts qu'on peut reprocher à la seconde; il est simple, doux, suave, sans emportement ni exagération; aussi donne-t-il moins de prise à la critique; mais, en même temps, il donne, à mon avis, moins de sujet à l'éloge, à l'admiration. Qu'on n'oublie point, en jugeant Ribera, que les défauts de sa seconde manière ne sont jamais que des qualités portées trop loin. De ces qualités, il se montre plus que généreux, il en est prodigue; voilà tout. Aussi, même en blâmant quelquefois, on admire toujours. C'est cela qui doit décider la question. Je ne sais d'ailleurs si je m'abuse, mais il me semble que lorsqu'il fait de la grâce à la façon de Corrège, Ribera montre toujours quelque embarras, quelque gaucherie; c'est évidemment un homme qui veut lutter, par la seule puissance de son talent, contre l'empire de son caractère et de ses instincts. Au contraire, quand Ribera fait de la force à la façon de Caravage, alors on voit qu'il est dans sa sphère propre; que, loin de la combattre ou de la réprimer, il s'abandonne pleinement à sa fougueuse nature d'homme et d'artiste; qu'enfin, comme un fleuve quelque temps contenu, son génie s'élance et déborde; alors seulement on peut dire avec le poëte:

<small>Qu'il marche dans sa force et dans sa liberté.</small>

C'est au musée de Madrid que se trouve celle de ses compositions qui passe pour le chef-d'œuvre de sa manière douce, *l'Échelle de Jacob*. Eh bien! malgré l'importance et la beauté de ce célèbre tableau, je n'hésite point à dire que, pour bien connaître et bien apprécier Ribera, il vaudrait mieux étudier, dans ce même musée, non-seulement ses *Douze Apôtres*, précieuse série de têtes expressives, où sont rangés tous les âges, depuis le jeune saint Jean, disciple bien-aimé, jusqu'au vieillard saint Jacques-le-Majeur, non-seulement son *Martyre de saint Barthélemy*, le plus renommé et le plus admirable des tableaux qu'il a consacrés à ce sujet, mais encore sa bizarre *sainte Trinité*, et jusqu'à son horrible *Prométhée sur le Caucase*. Au reste, il n'est pas besoin, pour connaître Ribera, comme pour connaître Velazquez, de passer les Pyrénées, d'aller en pèlerinage jusqu'à Madrid. Paris renferme dans son musée du Louvre, dans quelques galeries particulières et dans quelques salons, plusieurs excellents ouvrages du maître illustre et fécond qui a dès longtemps rempli l'Europe de ses œuvres et de sa renommée.

Ribera a formé de nombreux élèves, au premier rang desquels il faut placer Luca Giordano. C'est pour leur usage qu'il avait successivement tracé des *Éléments de dessin*, qui furent ensuite rassemblés et gravés à l'eau-forte par le peintre Francisco Fernandez. Ces mêmes *Éléments de dessin*, reproduits à Paris, pour la première fois, en 1650, avec ce titre : *Livre de portraiture, recueilli des œuvres de Josef de Ribera, dit l'Espagnolet, et gravé à l'eau-forte par Louis Ferdinand*, ont été longtemps, dans nos écoles, le guide des professeurs et le manuel des élèves. On compte, en outre, jusqu'à vingt-six gravures à l'eau-forte exécutées par Ribera avec la correction, la délicatesse et la vigueur qu'il mettait dans les œuvres de son pinceau. Ces gravures sont généralement rares et précieuses.

L'Espagne a produit deux autres peintres du nom de Ribera : l'un, de Séville (Luis Antonio), presque inconnu; l'autre, de Madrid (Juan Vicente), qui a laissé quelques ouvrages recommandables, mais que l'on ne saurait confondre avec ceux de son illustre homonyme.

ALONZO CANO.

S'il est, parmi les Espagnols, un artiste qu'on puisse mettre en parallèle avec Michel-Ange, sinon pour la nature du génie et la grandeur des œuvres, au moins pour l'universalité des talents, c'est Alonzo Cano. Lui aussi embrassa les trois arts que l'on appelle *beaux* par-dessus tous les autres; lui aussi fut peintre, sculpteur, architecte.

Alonzo Cano naquit le 19 mars 1601, à Grenade, où s'étaient établis ses parents, Miguel Cano et Maria de Almansa, tous deux natifs de la Manche. Son père, espèce de charpentier poussant son métier jusqu'à l'art, était assembleur (*ensamblador*) de ces ornements d'architecture dont se compose un autel dans les églises d'Espagne, et que notre mot *retable* ne désigne qu'imparfaitement. Il apprit au jeune Alonzo les premiers éléments de son état, c'est-à-dire un peu de dessin architectural. Mais, plus tard, il le mit à même de développer ses belles facultés naturelles, en allant s'établir à Séville, au milieu des maîtres qui fondaient l'école de cette Athènes andalouse. Alonzo voulut être capable, non-seulement d'*assembler* un retable, comme son père, mais de le composer à lui seul tout entier, avec ses colonnes, ses statues et ses tableaux, comme avaient fait Berruguete et Becerra, d'en être à lui seul l'architecte, le sculpteur et le peintre. Voilà comment il devint triplement artiste. Par une circonstance singulière, il étudia la peinture sous Francisco Pacheco, le maître de Velazquez, et sous Juan del Castillo, le premier maître qu'eut Murillo enfant. Les leçons de sculpture lui furent données par Juan Martinez Montañès. Mais, comme il s'éloigna tout d'abord de la manière de cet artiste, comme, en toutes les œuvres de son ciseau, il montra une simplicité d'attitudes, une noblesse de formes, une vérité d'ajustements inconnues jusqu'à lui, on doit croire qu'Alonzo Cano étudia plutôt les quelques statues et bustes grecs qui se trouvaient alors à Séville dans le palais des ducs d'Alcala, appelé *Casa de Pilatos*, à moins de supposer qu'il devina l'antique.

Après avoir aidé quelque temps son père dans les travaux dont il était chargé, Alonzo

Cano le remplaça tout à fait, et put alors réaliser le rêve orgueilleux de sa jeunesse. C'est ainsi qu'il acheva, en 1636, le maitre-autel de l'église de Lebrija, l'un des plus beaux ouvrages du genre, et pour lequel il reçut de la fabrique, outre 3,000 ducats, prix convenu, une gratification de 250 ducats. On admire surtout, dans ce retable, une statue de la Vierge portant l'enfant Jésus, qui occupe la niche principale. A cette époque, et dans la force de l'âge et du talent, tandis que Velazquez habitait Madrid, et que Murillo, encore enfant, commençait à peine à barbouiller des Vierges de pacotille pour le Nouveau-Monde, Alonzo Cano marchait à la tête de tous les professeurs de Séville dans les trois arts qu'il exerçait simultanément. Mais, par un autre trait de ressemblance avec Michel-Ange, jaloux et violent dans tout ce qui touchait à sa profession, quoique de cœur charitable et généreux, il ne pouvait souffrir que l'on contestât sa supériorité. En 1637, à la suite d'une querelle d'artiste, il se battit avec le peintre don Sébastian de Llaño y Valdès, et, plus habile que son adversaire à manier l'épée, le blessa grièvement. Il fallut fuir. Arrivé à Madrid sans ressources, Alonzo Cano, comme Murillo un peu plus tard, eut recours à l'obligeante amitié de Velazquez, qui revenait alors de son premier voyage en Italie. Le peintre favori de Philippe IV procura à son compatriote la protection du comte-duc d'Olivarès, et bientôt Alonzo Cano, nommé peintre du roi, puis maître de dessin de l'infant don Baltazar, fut chargé de travaux importants. C'est à lui que l'on confia, entre autres ouvrages, l'érection de l'arc de triomphe dressé à la porte de Guadalaxara pour l'entrée de Marianne d'Autriche, seconde femme du roi.

Alonzo Cano résida treize ans à Madrid, et ce fut pendant son séjour dans cette ville qu'il peignit la plupart des tableaux qui, depuis peu, ont porté son nom et sa renommée dans toute l'Europe. En 1643, il alla concourir à Tolède pour la place de *maestro mayor* de la cathédrale du primat des Espagnes; mais on lui préféra Felipe Lazaro de Goyti. Ce serait à son retour que, si l'on en croyait certains bruits assez répandus, il aurait été accusé d'avoir fait périr sa femme, puis jeté dans la prison *de Corte*, et mis à la question, qu'il aurait soufferte sans avouer le crime. Heureusement pour sa mémoire, on n'a pu retrouver, malgré les plus actives diligences, aucune trace de ce procès; et sans doute il faut le ranger dans la classe de ces contes que, sur quelques indices menteurs, sur quelque trompeuse équivoque, la crédulité populaire ne manque jamais d'accoler au nom des hommes en évidence.

Ce qui put faire soupçonner Alonzo Cano d'un meurtre commis dans sa propre famille, ce fut son caractère intraitable, qui ne se démentit pas un moment jusqu'à sa mort. En 1647, après avoir été nommé majordome de la confrérie de Notre-Dame-des-Douleurs, il se fit condamner à 100 ducats d'amende pour avoir refusé de paraître à la procession de la semaine sainte, où assistaient en corps les peintres et les orfèvres avec les alguazils de cour. Il se crut humilié de ce voisinage, et depuis lors, effectivement, les peintres ne cessèrent de réclamer contre leur adjonction aux alguazils dans les cérémonies religieuses. Luca Giordano, en 1695, protestait encore comme Alonzo Cano.

Parvenu à l'âge de cinquante ans, après un voyage à Valence, où il peignit les sept grands tableaux qui ornaient la Chartreuse de *Porta-Cœli*, Alonzo Cano résolut de retourner à Grenade, sa patrie, et de se faire prêtre, pour y achever paisiblement ses jours avec le revenu d'un bénéfice. Une place de chanteur (*músico de voz*) était vacante à la cathédrale : il fit comprendre au chapitre qu'il vaudrait mieux avoir sous la main, au lieu d'un des nombreux musiciens dont regorgeait le chœur, un artiste chargé des réparations et de l'ornement du temple, en sa triple qualité d'architecte, de peintre et de sculpteur. L'avantage était évident; aussi le chapitre obtint-il un décret du roi, sous la date du 11 septembre 1651, qui conférait la *ration* du musicien à Alonzo Cano, sous la condition que celui-ci se ferait ordonner *in sacris* dans le cours d'une année. Une fois en possession du bénéfice, et bien installé dans la grande tour de la cathédrale, dont on lui avait donné le premier étage pour atelier, Cano ne se pressa point d'obtenir les ordres. L'année passa, puis un second délai plus long, qui lui fut encore accordé. Le peintre n'avait pas seulement commencé les études nécessaires au sous-diaconat. Offensé d'une telle négligence, qui semblait plutôt un défi, le chapitre de Grenade recourut de nouveau au roi, le priant de déclarer vacante la prébende dont jouissait Alonzo Cano. En effet, une seconde cédule royale, datée du 29 août 1656, déclara que, si le titulaire n'était point ordonné prêtre au plus prochain des Quatre-Temps, il serait pourvu à la vacance. Les Quatre-Temps passèrent, et Cano n'était point prêtre. Alors le chapitre saisit ses revenus, et le bénéficier, réduit à capituler par famine, se rendit à la cour pour solliciter sa réintégration. Il y trouva heureusement l'évêque de Salamanque, lequel, moins rigide et moins timoré que le prélat de Grenade, lui conféra complaisamment une chapellenie, et l'ordonna sous-diacre sans examen. L'obstacle ainsi levé, une troisième cédule royale, du 14 avril 1658, rendit à Cano, avec les revenus échus, le bénéfice si longtemps disputé, et dont il jouit paisiblement jusqu'à sa mort arrivée le 5 octobre 1667. On l'enterra dans le panthéon des prébendés de la cathédrale.

Cette aventure, qui occupa une partie de ses dernières années, peut donner une idée du caractère d'Alonzo Cano, à la fois bizarre et opiniâtre. Il portait en toutes choses la même originalité. Ainsi, lorsque son cœur, tendre et compatissant malgré l'âpreté de son humeur, le portait à soulager quelque misère, ce n'était pas d'habitude de l'argent qu'il donnait en aumône, soit qu'il en fût rarement pourvu, soit qu'il crût devoir employer à cet usage une autre monnaie. Il prenait du papier, une plume, et traçait sur-le-champ quelqu'un des beaux dessins à l'encre et au lavis que l'on a conservés; puis il le donnait au malheureux qui avait imploré sa pitié, sans oublier d'y joindre l'adresse des grands seigneurs ou des marchands qui pourraient y mettre le plus haut prix. D'ailleurs, il montra toute sa vie une fierté et une délicatesse d'artiste également excessives. Une fois, il refusa obstinément d'achever de peindre le chœur de la cathédrale de Malaga, aimant mieux perdre l'ouvrage commencé, parce qu'il n'avait pas trouvé qu'on en fît assez grand cas.

Une autre fois, se voyant marchander un *Saint Antoine* que lui avait commandé un auditeur de Grenade, il reprit le tableau des mains de l'acheteur, et le mit en pièces devant lui. Enfin, étant à l'article de la mort, il jeta au nez du prêtre qui l'assistait un crucifix qu'on approchait de sa bouche, parce qu'il le trouva trop mal sculpté, et ce fut en embrassant une simple croix de bois qu'il expira.

Comme tous les maîtres vraiment dignes de ce nom, Alonzo Cano a formé de nombreux élèves, parmi lesquels on doit citer, pour la sculpture, Pedro de Mena et José de Mora; pour la peinture, Alonzo de Mesa, Miguel Geronimo Cieza, don Sebastian de Herrera-Barnuevo, Pedro-Atanasio Bocanegra, Ambrosio Martinez, Sebastian Gomez, don Juan Niño de Guevara, et, le dernier de tous par la date, Josef Risueño.

La plupart des admirateurs d'Alonzo Cano le regardent comme plus grand sculpteur que grand peintre, et lui-même avouait à ses élèves qu'il se sentait, dans le premier de ces arts, plus sûr et plus maître de lui. Lorsqu'après avoir peint toute la matinée avec de grands efforts d'attention, il sentait la fatigue le gagner, sa manière habituelle de prendre du repos était d'échanger ses pinceaux contre un ciseau et un maillet pour dégrossir un bloc ou un tronc d'arbre. Ses sculptures, presque toutes en bois, sont demeurées dans les églises d'Espagne, à Séville, à Cordoue, à Grenade, à Madrid, où l'on en montre encore quelques-unes avec orgueil. Comme architecte, il a suivi, dans la composition des retables, le goût de son temps, alors qu'on employait de préférence des consoles, des corniches et de lourds ornements.

Reste à l'apprécier comme peintre.

Si l'universalité de ses talents peut faire appeler Alonzo Cano le Michel-Ange espagnol, ce n'est pas le nom qu'il conviendrait de lui donner lorsqu'on se borne à juger ses œuvres de peinture. Aussi l'a-t-on nommé l'Albane espagnol : espagnol, car il n'est jamais sorti de l'Espagne, et n'a pu s'inspirer d'aucune école étrangère; Albane, car, à l'inverse de son caractère emporté, les qualités dominantes de son talent, celles qui frappent le plus au premier aspect dans toutes ses compositions, sont la grâce et la suavité. Mais il en réunit beaucoup d'autres qu'un peu de réflexion fait aisément découvrir. On peut dire avec assurance qu'aucun de ses compatriotes ne l'a surpassé dans la justesse et la sûreté du coup d'œil, qu'aucun n'a dessiné avec une pureté plus exquise, réunissant à la majesté de l'antique toute la naïveté du naturel; qu'aucun n'a porté plus loin, dans le coloris, la science des tons, particulièrement des demi-teintes; et qu'enfin, dans ses compositions, d'ordinaire simples et peu compliquées, aucun n'a montré plus de sagesse, de goût et d'harmonie. Ce que l'on admire encore dans Alonzo Cano, c'est un arrangement si heureux des draperies et des ajustements, un plissement d'étoffes si intelligent et si gracieux, que l'on sent toujours et que l'on devine en toutes ses parties le nu qu'elles recouvrent; c'est enfin un soin si parfait dans la difficile exécution des mains et des pieds, qu'à cette seule espèce de mérite on reconnaîtrait ses œuvres parmi celles de tous les maîtres de son pays. Moins vaste de pensée et moins éclatant de couleur que Murillo, moins fougueux et moins puissant que Ribera, il forme entre ces deux maîtres une sorte de milieu sage, correct, élégant, plein de douceur et de charmes. Ses bons ouvrages, tels que ceux qui ornent le musée de Madrid, entre autres *le Christ mort soutenu par un ange*, et plusieurs de ceux qu'on admire dans quelques galeries ou salons de France et d'Angleterre, sont, en leur genre, des ouvrages achevés. En bornant la comparaison aux œuvres que les humanistes appelleraient *sui generis*, Alonzo Cano ne doit la redouter de personne, et son nom mérite une place éminente, non-seulement parmi les maîtres de l'école espagnole, mais parmi les maîtres de l'art.

ZURBARAN.

Voici un de ces artistes dont la vie se passe sans bruit, sans événements, desquels on retrouve à peine, quand ils ne sont plus, les deux points extrêmes de leur existence, la naissance et la mort, et qui ne laissent d'eux d'autres souvenirs que les ouvrages qu'ils ont produits dans la retraite et le silence. Francisco Zurbaran est né en Estrémadure, dans le bourg de La Fuente de Cantos, où l'on a retrouvé son acte de baptême sous la date du 7 novembre 1598. Son père, Luis Zurbaran, et sa mère, Isabel Marquez, étaient de simples laboureurs, qui enseignèrent d'abord à leur jeune fils le travail des champs; mais, découvrant en lui cette inclination naturelle à la peinture qui révéla le pâtre Giotto et tant d'autres hommes nés artistes et devenus artistes en dépit de leur éducation première, ils firent effort pour seconder cet heureux penchant, et envoyèrent leur enfant à Séville, où il entra dans l'école du licencié Juan de Las Roélas.

Sous ce professeur habile et patient, Zurbaran fit des progrès rapides. Il devint promptement le meilleur élève de l'atelier, surpassa même bientôt son maître, et se fit, avant d'avoir quitté sa maison, une réputation très-étendue, et d'autant plus flatteuse que Séville renfermait alors une foule de peintres distingués. Dès ses débuts, Zurbaran s'imposa la loi de copier fidèlement la nature dans toutes ses compositions. Jamais il ne peignait une figure sans avoir sous les yeux le modèle, qu'il se bornait à rectifier, à embellir; et les ajustements mêmes étaient toujours disposés sur un mannequin avant qu'il les transportât sur la toile. Cette habitude, dont il ne se départit jamais, explique la parfaite correction de dessin qui forme une de ses qualités les plus saillantes.

Tout ce que l'on sait ensuite de la vie de Zurbaran, c'est qu'il épousa, à Séville, on ignore à quelle époque, doña Leonor de Jordera, et qu'il en eut plusieurs enfants. C'est ce que constate un acte retrouvé dans les archives du chapitre de la cathédrale, sous la date du 14 décembre 1657, portant concession viagère à l'une de ses filles d'une maison située dans la rue de *Los Abades*. Le reste de la biographie de Zurbaran se compose de la date approximative de ses œuvres. En 1625, il fut chargé par le marquis de Malagon de peindre les nombreux tableaux du retable de *San-Pedro*, dans la cathédrale. Ce fut après l'achèvement de ces ouvrages qu'il entreprit son célèbre tableau de *Saint Thomas d'Aquin*, pour l'église du collége placé sous l'invocation de ce saint docteur. C'est la plus vaste de ses compositions, celle où il voulut réunir toutes ses qualités éminentes, et donner la plus haute mesure de son talent. Au sommet du tableau sont le Christ et la Vierge, portés sur un trône de gloire, ayant à leurs côtés saint Paul et saint Dominique; au centre, saint Thomas, debout, entouré des quatre docteurs de l'Église latine, assis sur des nuages; plus bas, et au premier plan, dans une posture de recueillement et d'adoration, d'un côté, Charles-Quint, revêtu du manteau impérial, avec un cortége de chevaliers; de l'autre, l'archevêque Deza, fondateur du collége, avec une suite de moines et de serviteurs. Dans cette composition, où tous les personnages sont plus grands que nature, on admire également l'élévation du style, la sagesse de l'ordonnance, l'étonnant fini des costumes, la vérité des attitudes et la beauté des têtes, qui semblent autant de portraits (1). C'est une œuvre admirable, digne de rivaliser avec les plus grandes compositions de l'Italie, et qui, seule, aurait dès longtemps popularisé le nom de son auteur, si quelque savant burin l'eût reproduite et répandue.

Appelé plus tard à Guadalupe, pour orner l'église de cette ville, Zurbaran y peignit plusieurs grands tableaux, huit entre autres qui forment l'histoire de saint Jérôme. Il revint ensuite à Séville, où de nombreuses commandes pour les églises et les couvents l'occupèrent sans relâche. On cite, comme ses meilleurs ouvrages de cette époque, ceux qu'il fit pour la cathédrale, pour la chartreuse de *Santa-Maria de las Cuevas*, pour le couvent de *los Mercenarios descalzos*, et pour celui de *San-Pablo*, où se trouve un fameux Christ crucifié, en grisaille, imitant la sculpture à s'y méprendre.

En 1633, Zurbaran acheva les peintures du maître-autel de la Chartreuse de Xerez, suivant les dates qu'elles portent, et comme, dans l'un de ces tableaux, sa signature est suivie des mots *pintor del rey*, on peut croire qu'il était allé, dès cette époque, à Madrid, où il avait reçu le titre honorifique de peintre du roi. Ce ne fut toutefois que beaucoup plus tard, et vers la fin de sa vie, qu'il séjourna quelque temps dans la capitale. Il y peignit, pour le palais de Buenretiro, une série de quatre grandes toiles représentant *les Travaux d'Hercule*, et, pour des particuliers, un grand nombre de tableaux de chevalet. Don Lázaro Dias del Valle raconte qu'en 1662 il reçut Zurbaran dans sa maison, et c'est aussi dans la même année, et à Madrid, que Palomino croit devoir placer sa mort, car on ne sait positivement ni dans quel endroit, ni à quelle époque elle arriva.

Zurbaran fut appelé le Caravage espagnol. Toutefois, s'il mérita ce nom, ce ne fut point

---

(1) Un manuscrit du temps rapporte que le saint Thomas est le portrait d'un bénéficier de cette église, nommé don Agustin Abreu Nuñez de Escobar.

par la fougue du pinceau, par la recherche un peu exagérée des effets, car il est toujours plus froid, plus réservé, mais aussi plus correct que le maître de Ribera. Si Zurbaran ressemble à Caravage, c'est par l'emploi fréquent des teintes bleuâtres, qui dominent quelquefois dans ses tableaux au point qu'on croirait les voir à travers un verre légèrement foncé en bleu; c'est surtout par la science et la vigueur du clair-obscur. Là est vraiment le point de ressemblance entre les deux maîtres. Mais un trait caractéristique de l'Espagnol, c'est le soin qu'il mettait à finir ses premiers plans avec délicatesse, à y jeter hardiment de grandes masses de lumière et d'ombre, comme d'autres auraient fait dans les plans reculés, et à produire ainsi de merveilleux effets, tout particuliers à sa manière.

Voilà pour les moyens d'exécution. Quant à la nature des sujets, sauf les compositions considérables qui ont été mentionnées précédemment, et qui lui furent toutes commandées, Zurbaran choisissait de préférence des sujets simples, faciles à comprendre, et n'exigeant qu'un petit nombre de personnages, qu'il plaçait toujours dans des attitudes parfaitement naturelles. Du reste, il n'a jamais peint de scènes comiques ou populaires, comme Velazquez et Murillo, ni de figures grotesques et bizarres, comme Ribera; toutes ses compositions, même dans les plus petits tableaux de chevalet, sont graves et sérieuses. Il a peint des saintes, des femmes; il leur a donné des attraits, de la grâce; mais toujours le sentiment austère et religieux domine, toujours l'âme du peintre semble oublier la terre et se porter par aspiration vers le ciel. Personne, en effet, n'a mieux exprimé que Zurbaran les rigueurs de la vie ascétique, l'austérité du cloître; personne n'a mieux rendu, sous la ceinture de corde et le capuchon de laine, les corps amaigris et les têtes pâlies de ces pieux cénobites voués aux macérations et à la prière, qui, selon la belle expression de Buffon, quand vient leur dernière heure, « ne finissent pas de vivre, mais achèvent de mourir. »

Zurbaran a laissé plusieurs bons élèves à Séville, entre autres Bernabé de Ayala et les frères Polancos, qui, par une circonstance peut-être unique dans les arts, travaillaient toujours ensemble, et faisaient à deux un tableau, comme on ferait un vaudeville aujourd'hui. Mais, parmi les peintres modernes, il en est un qu'on pourrait croire aussi disciple de Zurbaran, à voir la grande analogie qui existe dans leurs manières. Et pourtant ce peintre n'a point été en Espagne, n'a pas étudié Zurbaran, n'a peut-être jamais vu un seul de ses ouvrages, ni même entendu prononcer son nom; car, lorsqu'il a quitté la France pour n'y plus revenir, les ouvrages et le nom de Zurbaran n'y avaient, en quelque sorte, pas encore pénétré. Ce peintre, c'est Léopold Robert. Qu'on examine avec un peu d'attention les œuvres de l'un et celles de l'autre, on y trouvera une ressemblance singulière, non dans le choix des sujets, dans le sentiment des compositions, ce n'est pas cela qui fait qu'un peintre est disciple d'un autre, mais dans le *faire*, dans les procédés matériels d'exécution. Qu'on examine, par exemple, la forme des contours, un peu fermement arrêtés, le plissement des étoffes, la distribution des lumières et des ombres, la facture des *clairs*, qui ne vont jamais jusqu'au blanc, ainsi que des *foncés*, qui ne vont jamais jusqu'au noir, et, si je ne m'abuse, on sera convaincu de cette analogie singulière, qui ne prouve, au reste, qu'une chose, c'est qu'à deux siècles d'intervalle deux peintres se sont rencontrés dans la manière d'exprimer matériellement sur la toile des idées que le temps a rendues bien différentes ; c'est que, dans les arts comme dans les lettres, on peut dire avec raison, malgré toute l'apparence d'un paradoxe, que la forme est moins variable que le fond.

JOANÈS.

C'est en Italie, comme je l'ai dit plus longuement dans l'introduction, et à son honneur éternel, qu'a été le berceau de l'art, que s'est passée son enfance, et qu'à l'âge des chefs-d'œuvre sont venus s'instruire les étrangers. En Espagne, l'élève, la fille de l'Italie, en Espagne, qui n'eut point à faire d'essais et de découvertes, qui n'eut point de Jean de Messine ni de Cimabué, l'art a paru tout formé, tout complet, et son histoire, ainsi qu'on l'a vu, se trouve bornée à une seule génération d'artistes, qui n'avait point eu d'ancêtres dans le pays, et qui n'y laissa point de descendants.

Murillo est le dernier grand peintre de cette génération, et Joanès le premier. Je ne veux point dire, cependant, que Joanès n'ait eu, parmi les artistes célèbres, ni devanciers ni contemporains; ce serait nier, par exemple, Vargas, Villegas-Marmolejo, Moralès et le *Mudo;* d'autres avant lui, d'autres en même temps que lui, ont cultivé la peinture, en Espagne, avec succès, avec éclat. Mais ce sont des peintres isolés, qui ne se rattachent pas essentiellement à l'école. Dans cette filiation d'artistes, dans cette succession héréditaire et ininterrompue de maîtres et d'élèves, qui commence en Italie pour aboutir à Murillo, c'est, je le répète, Joanès qui paraît le premier. Aussi faut-il voir en lui deux hommes : le chef d'école, et le peintre proprement dit. Il est illustre en cette double qualité, et lors même qu'on pourrait laisser un moment dans l'oubli ses titres à la reconnaissance des amis de l'art comme chef d'école, il aurait encore, comme peintre, des droits à leur admiration.

L'on ne connaît avec certitude ni le lieu de sa naissance, ni même son nom. L'acte dressé à son décès, qui lui donne cinquante-six ans en 1579, fait remonter sa naissance à l'année 1523. Il est encore hors de doute qu'il naquit dans le royaume de Valence, et l'on s'accorde à croire que ce fut dans le bourg de Fuente-la-Higuera. Quant à son nom, il est connu parmi les artistes sous celui de Juan de Joanès ou Juanès. Son testament, trouvé longtemps après sa mort, lui donne aussi le prénom de Vicente, ce qui le ferait nommer Vicente Juan, au rebours de son fils qui s'appela Juan Vicente. Des recherches faites récemment à Valence, après Palomino et Cean-Bermudez, autorisent à croire que son vrai nom de famille était Macip. Il est probable qu'étant en Italie, il eut la fantaisie, alors fort commune, de *latiniser* l'un de ses prénoms, *Joannes*, et d'en faire un nom de famille ou un surnom de peintre. De là vint, par habitude et par corruption, celui que lui ont donné les Espagnols, Juan de Joanès. Ce que l'on sait de sa jeunesse, c'est qu'il alla étudier à Rome, non point, comme l'ont dit quelques-uns, dans l'atelier de Raphaël, puisque Raphaël était mort en 1520, mais parmi les disciples du *divin jeune homme*, tels que Jules Romain et Perin del Vaga. La correction et la fermeté du dessin, la noblesse des attitudes et des expressions, tout enfin, dans son style, et jusqu'à ses défauts, tout prouve qu'il appartient à l'école romaine.

De retour à Valence, où l'on sait, par son testament, qu'il épousa Geronima Comès [*], Joanès ouvrit une classe de peinture d'où sortit, non-seulement l'école valencienne, dont il est resté le *Coryphée*, ainsi que l'appellent ses biographes, mais encore, par communication, par la parenté naturelle des arts, l'école de Séville, qui produisit les plus grands peintres dont s'honore l'Espagne. Tout ce que l'on sait de ses habitudes, c'est qu'il était, comme ses contemporains Luis de Vargas et Luis Moralès, d'une piété très-vive, touchant à l'ascétisme, et que, n'ayant jamais traité que des sujets religieux, il se préparait à l'exécution de chaque tableau, de ces tableaux qui devaient être admis et presque adorés dans les temples, par la pratique des sacrements. Palomino raconte, à ce propos, l'histoire d'une de ses compositions célèbres, appelée *la Purisima Concepcion*. Le jésuite Martin Alberro, confesseur de Joanès, eut une vision. La Vierge vint lui commander de la peindre telle qu'elle lui apparaissait, avec sa tunique blanche et son manteau d'azur, le croissant sous ses pieds, et au-dessus de sa tête les trois personnages de la Sainte-Trinité s'unissant pour la couronner du céleste diadème. Alberro chargea Joanès d'exécuter l'ordre de Marie. Le peintre se prépara à son œuvre par des jeûnes et des prières ; jamais, dans le cours du travail, il n'essaya de rendre avec son pinceau la sainte image, qu'il ne se fût purifié par la confession et la communion. Ce fut ainsi qu'il parvint, dit-on, à fixer sur sa toile la vision du jésuite extatique. Laissons le merveilleux de cette histoire ; mais convenons au moins qu'en accomplissant ces minutieuses pratiques d'une foi sincère, l'artiste mettait à son ouvrage un soin, une conscience, une solennité, qui contrastent fort avec l'irréflexion, la légèreté, la négligence hâtive qu'on a depuis portées trop souvent dans les plus sérieuses applications de l'art.

Tout ce que l'on sait encore de la vie de Joanès, c'est qu'il fut chargé par saint Thomas

---

[*] Cette Geronima Comès était sans doute parente, peut-être sœur du célèbre *maestro de capilla* Comès, qui dirigea, dans la seconde moitié du XVIe siècle, la musique de la cathédrale à Valence, et duquel on exécute encore tous les ans plusieurs compositions fameuses, telles qu'une *Litanie au Saint-Sacrement*, un *Salve Regina*, et enfin le grand Oratorio de la *Passion* pour la semaine sainte.

de Villanueva de dessiner des tapisseries qui furent exécutées en Flandres. Ces cartons, représentant divers traits de l'histoire de la Vierge, sont conservés dans la cathédrale de Valence. Au moment où il achevait les peintures du maître-autel de Bocaïrente, Joanès tomba malade, et mourut dans ce bourg, le 21 décembre 1579. Il avait dicté, la veille, son testament au notaire Cristoval Llorens. Suivant l'ordre qu'il en avait donné, son corps fut transporté à Valence, en 1581, et déposé dans la paroisse de *Santa-Cruz*.

De tous les imitateurs de Raphaël, Joanès est peut-être celui qui s'est le plus approché du sublime modèle. S'il a conservé un coloris parfois un peu terne et un peu dur, si sa perspective est courte quoique exacte, s'il n'a pas enfin le relief et le modelé vigoureux des écoles coloristes, il offre, en revanche, toute la pureté de dessin, toute la beauté des formes, toute l'énergie des expressions, qui distinguent l'école romaine personnifiée dans son chef. C'est au point qu'en face des bons tableaux de Joanès, et sans aller aussi loin que Palomino qui le proclame égal à Raphaël en plusieurs parties et supérieur en quelques autres, il est permis d'hésiter, du moins, et de ne savoir à qui, du maître ou de l'élève, on doit les attribuer; c'est au point que, si l'on ignorait que l'un est imité et l'autre imitateur, on pourrait, sans crime, être souvent embarrassé de savoir auquel des deux décerner la palme. Ce que l'on remarque particulièrement dans la manière de Joanès, c'est l'élégance qu'il donnait à ses draperies, la délicatesse qu'il mettait à peindre les cheveux et la barbe de ses personnages, enfin les expressions de douceur et d'amour qu'il a su donner aux têtes de ses saints et surtout à celle du Sauveur. Quoique sa vie n'ait pas été longue, Joanès a laissé de nombreux ouvrages. Le musée de Madrid a hérité du plus grand nombre. On y distingue *la Visitation de sainte Élisabeth*, *le Martyre de sainte Agnès*, *la Cène*, grande et magnifique composition, qui peut être placée, sans infériorité bien sensible, à côté de celle de Léonard de Vinci; enfin, une série de tableaux racontant, comme les chants d'un poëme, *la Vie de saint Étienne*, et dont l'avant-dernier, *le Supplice du Proto-martyr,* peut souffrir le parallèle avec ce que l'Italie a produit en ce genre de plus grand et de plus parfait. Malgré son mérite immense, Joanès est resté presque inconnu hors de l'Espagne, et, même dans son pays, il n'a pas cette réputation, en quelque sorte populaire, dont il serait digne à tant de titres. C'est que Joanès a vécu en cénobite, loin du bruit, loin de la cour, qu'il n'a pas copié et embelli de royales figures, que les poëtes pensionnés n'ont pas fait de sonnets à sa louange; c'est que, pendant sa vie, ses ouvrages n'ont point franchi les Pyrénées, adressés en guise de supplique à quelque prince étranger, et que, depuis sa mort, ils n'ont pas chargé les fourgons de quelque général conquérant; mais au nom de Joanès doit s'attacher un jour une de ces renommées posthumes et tardives, que fait, à défaut du siècle contemporain, la postérité plus juste.

Parmi les élèves immédiats de Joanès, il faut compter son fils, Juan Vicente, dont les ouvrages méritent d'être ordinairement confondus avec les siens, et même, si l'on en croit les traditions conservées à Valence, ses deux filles, Dorotea et Margarita. On leur attribue les peintures de la première chapelle à main droite, dans l'église de *Santa-Cruz*, où fut enterré leur père. Il est juste de citer aussi le P. Fray Nicolas Borras, fils d'un tailleur de Cocentayna, et né dans cette petite ville, en 1530. Devenu moine dans le couvent de *San-Geronimo de Gandia,* en 1575, il orna l'église, les cloîtres, les cellules, et jusqu'à l'infirmerie de ce monastère, d'une énorme quantité de tableaux pieux. La communauté reconnaissante lui vota, en 1601, neuf ans avant sa mort, un don perpétuel de cinquante messes par année.

MORALÈS.

Il est un peintre, parmi tous les peintres, que l'universelle admiration a salué du nom de *divin;* c'est Raphaël. En Espagne, un peintre aussi, Luis de Moralès, a reçu ce magnifique surnom. Mais est-ce le cri de l'admiration contemporaine qui proclamait ainsi son mérite et sa supériorité? Est-ce simplement l'indication un peu fastueuse du choix de ses sujets, toujours religieux, toujours empreints d'une sainte douleur et d'une ardente piété? Que ce soit l'un ou l'autre de ces motifs, ou même la réunion de tous deux en Moralès, qui lui ait fait décerner le surnom de *divin*, on peut dire que c'est arbitrairement qu'il l'a reçu, car d'autres peintres, du même pays et de la même époque, Joanès par exemple, ne l'auraient pas moins mérité que lui.

Luis de Moralès est né à Badajoz, capitale de l'Estrémadure, dans les premières années du XVIe siècle, quelques-uns disent en 1509, mais sans preuves suffisantes. On ignore quels furent ses parents; on ignore comment se passa sa jeunesse, quelles études il fit, de quels maîtres il reçut les leçons. Né loin de la mer, sur la frontière de Portugal, il n'eut pas, comme Joanès, comme Ribera, l'envie et la facilité de se rendre en Italie. Jamais il ne quitta l'Espagne. Palomino suppose que Moralès fut élève du *maese* Pedro Campaña (Pierre de Champagne). Mais ce peintre ne vint en Espagne que vers l'année 1548, et il existe à Badajoz, dans l'église de la *Concepcion*, des tableaux de Moralès datés de 1546. Il n'aurait donc pu recevoir de Campaña que les conseils d'un maître consommé, comme Velazquez en reçut plus tard de Rubens, mais non les premiers éléments de l'art. Il faut supposer plutôt qu'il étudia sous quelqu'un des professeurs moins célèbres, établis déjà à Valladolid et à Tolède.

On croit que Moralès passa toute sa longue vie presque sans sortir de sa ville natale; du moins cette circonstance que, dans toutes les églises de Séville, il n'y a qu'un seul tableau de sa main (un oratoire de la sacristie de la cathédrale), semble prouver qu'il ne vint peut-être jamais, ou ne fit qu'une courte apparition dans cette ville, qui fut pendant un siècle et demi le commun rendez-vous des artistes espagnols. Tout ce que l'on sait de l'histoire de Moralès, c'est qu'à l'époque où Philippe II faisait construire l'Escorial, et préparait par avance les ornements de ce royal monastère, il fit venir à Madrid le peintre de Badajoz, dont la réputation s'était répandue dans l'Espagne entière. Il paraît que Moralès se présenta à la cour avec une pompe, un faste, qui blessèrent le roi. Philippe lui fit donner une gratification de voyage, et le renvoya dans son pays. Il lui acheta seulement une *Voie des douleurs* (*Calle de la amargura*), qui fut placée, non pas à l'Escorial, mais dans l'église de *San-Geronimo*, à Madrid, où elle est encore.

Revenu tristement à Badajoz, avec l'humiliation d'un refus, atteint bientôt par les infirmités de la vieillesse, et sentant à la fois sa main trembler et sa vue faiblir, Moralès, abandonné de tous, oublié dans le fond de sa province, descendit de ce luxe qui avait offusqué le roi, jusqu'à la pauvreté, jusqu'au besoin. Ce fut dans cette misérable situation que le trouva le même Philippe II, lorsqu'au retour de Lisbonne, et après avoir pris possession du Portugal, il traversa Badajoz en 1581. Moralès se présenta devant lui. « Vous êtes bien vieux, Moralès, » lui dit le roi. — « Oui, sire, et bien pauvre, » répondit l'artiste. Philippe lui accorda une pension de trois cents ducats. Moralès n'en jouit que cinq ans; il mourut en 1586, ayant atteint un âge très-avancé.

Francisco Pacheco s'exprime ainsi dans son *Arte de la Pintura :* « Beaucoup de gens » ont peint finement, et pour être vus de très-près, à qui ont manqué le meilleur de l'art » et l'étude du dessin, et bien qu'ils aient acquis du renom, ce n'a pas été parmi les hommes » qui savent. Tel est Moralès, natif de Badajoz. » On conçoit ce langage dans la bouche du maître de Velazquez, de l'un des fondateurs de cette école de Séville si ennemie de la sécheresse et du pointillé, si fière de son grand style et de ses vigoureux effets. Mais cependant on ne saurait admettre pour juste une telle appréciation; elle est évidemment passionnée, et prouve une fois de plus que nul n'est bon juge en sa propre cause. Si Moralès a les défauts de son temps, s'il est minutieux, léché, surtout dans l'exécution de la barbe et des cheveux; si l'on peut lui reprocher quelque dureté dans les contours et peu de relief dans le modelé, au moins faut-il reconnaître qu'il dessinait avec une parfaite correction, qu'il entendait savamment les nus et rendait admirablement la fine dégradation des demi-teintes; il faut reconnaître surtout qu'il excellait dans les expressions de douleur religieuse, et que nul maître n'a mieux réussi à peindre les souffrances, les angoisses poignantes d'un Christ couronné d'épines ou d'une Vierge aux douleurs. Le malheur de Moralès, c'est qu'on lui attribue volontiers tous les ouvrages de ses élèves ou de son temps, qui ont quelque rapport avec sa manière. Trouve-t-on quelque *Ecce homo* bien sec, bien décharné, bien livide, quelque *Mater dolorosa* aux joues creuses, aux lèvres pâles, aux paupières rougies, fût-ce une horrible caricature, on s'écrie aussitôt : « Voilà un *divin* Moralès! » Ceux qui ont examiné attentivement ses bons ouvrages, les tableaux que lui attribuent des preuves historiques, et qui en ont admiré le mérite éminent, ceux-là ne sont pas si faciles à prodiguer son nom.

Les tableaux de Moralès, tous peints sur cuivre ou sur bois, sont généralement très-petits et très-simples. Ils ne dépassent guère, pour la dimension, une tête ou un buste à mi-corps, et les plus compliqués se composeront d'une Vierge soutenant le Christ mort. Cependant Moralès a laissé quelques compositions importantes : par exemple, les six tableaux de la Passion qui ornent l'église d'un bourg de l'Estrémadure, Higuera de Fregenal, et dont les personnages sont de corps entier, ainsi que d'autres tableaux conservés à Badajoz, soit dans la cathédrale, soit dans les paroisses de la *Concepcion* et de *San-Agustin*. Le nouveau musée de Madrid n'a pas pu recueillir plus de trois ou quatre ouvrages de Moralès, ce qui prouve qu'ils sont rares, quand on les veut incontestables.

Moralès a laissé un élève éminent, qui ne s'est point exercé dans le même genre que lui, mais qui a porté les qualités de sa peinture dans le genre le plus opposé : c'est Juan Labrador, peintre de fleurs, de fruits, de tous les objets que les Espagnols réunissent sous le nom de *bodegones,* et que nous appelons tableaux de salle à manger. Personne, pas même Van Huysum, ne l'a surpassé dans ce genre par l'admirable perfection du travail et l'éclat du coloris. Palomino affirme que le nom de *Labrador,* laboureur, lui fut donné parce qu'il avait travaillé à la terre avant de manier les pinceaux ; mais ce peut être aussi son nom de famille, car il est assez commun en Estrémadure, pays de son maître, et le sien probablement. Labrador mourut fort vieux, à Madrid, dans l'année 1600.

EL MUDO.

(LE MUET.)

Cet homme est l'un des plus éclatants témoignages de la puissance des instincts naturels, et de leur supériorité constante sur les effets de l'éducation. Si le Rhéteur romain a dit avec raison qu'*on naît poëte,* lui a prouvé aussi qu'on naît peintre. Privé des moyens de communication avec les autres hommes, réduit à sa seule organisation intellectuelle, et contrarié par toutes les circonstances qui l'environnaient, il a pourtant accompli sa destinée, et une destinée brillante, rien qu'en se laissant aller au penchant de sa nature.

Juan Fernandez Navarrete naquit, vers l'année 1526, dans la petite ville de Logroño, province de la Rioja. A trois ans, une maladie aiguë le priva du sens de l'ouïe, et, comme les sourds-muets de naissance, ne pouvant apprendre, il ne sut point parler. A cette époque le moine espagnol Fray Pedro de Ponce, qui précéda de si loin l'abbé de l'Épée, n'avait pas encore mis en pratique l'éducation des sourds-muets [*]. On n'eut pas même la pensée d'enseigner quelque chose au petit Juanito tant qu'il fut enfant; mais bientôt il révéla sa vocation, car on le voyait sans cesse occupé, ayant un charbon pour pinceau et pour toiles les murailles, à copier tous les objets qu'il avait sous les yeux. Son intelligence et son talent naturel se montraient si clairement dans ces ébauches informes, que son père se décida à le conduire dans un couvent de l'ordre de saint Jérôme, appelé *de la Estrella* (de l'Etoile), peu distant de la ville, où se trouvait un moine, le père Fray Vicente, qui s'occupait un peu de peinture. Ce religieux prit en affection le petit muet; il lui montra les premiers éléments de l'art, et bientôt, voyant faire à son élève de tels progrès qu'il ne pouvait plus le suivre, il engagea ses parents à l'envoyer en Italie.

[*] Ce fut vers 1570 que Fray Pedro de Ponce, moine bénédictin du couvent d'Oña, trouva moyen d'instruire les deux frères et la sœur du connétable de Castille, nés tous trois sourds-muets.

Le *Mudo*, dont la famille avait de l'aisance, partit, en effet, pour le pays des arts. Il visita Rome, Naples, Milan, Venise. Il s'arrêta partout, fréquenta les ateliers des maîtres les plus renommés, et se fixa enfin auprès de Titien, dont il devint le disciple assidu. Son séjour en Italie fut très-long, de vingt ans au moins; et, bien qu'on ne puisse citer aucun ouvrage de quelque importance composé par lui pendant ses voyages, il est certain, cependant, qu'il avait, parmi les artistes de l'Italie, une réputation déjà fort grande, et qu'augmentait sans doute la circonstance de son infirmité. Le nom du *Mudo* parvint en Espagne, et lorsque Philippe II fit commencer les décorations de l'Escorial, il manda, l'un des premiers, l'élève déjà célèbre de Titien. Le *Mudo* se rendit donc à Madrid, alors âgé d'au moins quarante ans. Une cédule royale, du 6 mars 1568, le nomma peintre du roi, avec deux cents ducats d'appointements annuels, outre le prix de ses ouvrages. Il avait apporté pour échantillon de son savoir-faire un petit tableau du *Baptême de Jésus*, qui plut beaucoup au roi, et que l'on conserva longtemps dans la cellule du prieur de l'Escorial *.

A peine le *Mudo* avait-il commencé ses travaux, en peignant des *prophètes* et un *Calvaire* en grisailles pour certaines parties du monument, qu'une maladie assez grave le força d'aller respirer l'air du pays. Il passa près de trois ans à Logroño en congé, et recevant toujours ses appointements de peintre du roi. Au mois de mars 1571, il revint à l'Escorial, rapportant les quatre grands tableaux dont il avait reçu la commande, et qui lui furent payés cinq cents ducats. C'étaient une *Assomption*, un *Martyre de saint Jacques le Majeur*, un *saint Philippe* et un *saint Jérôme*. On croit que, dans le premier, et sous les traits de la Vierge, il fit le portrait de sa mère, doña Catalina Ximenez, qui avait été belle; il plaça également son père parmi les apôtres du premier plan. Lorsque ce tableau fut mis en place, le *Mudo*, qui était fort sévère à lui-même, voulut le détruire, parce qu'il trouvait le groupe principal manqué, et la Vierge trop serrée par les anges. Mais Philippe II, comme un autre Auguste pour un autre Virgile, protégea l'ouvrage contre l'arrêt de son auteur.

On rapporte également, à propos du *Martyre de saint Jacques*, que, pour se venger de Santoyo, secrétaire du roi, le *Mudo* donna sa figure au bourreau du saint, et que Philippe dut encore protéger cet ouvrage contre le ressentiment de son secrétaire. Mais le père Siguenza, qui a beaucoup parlé du *Mudo* dans son *Historia de la Orden de san Geronimo*, et qui habitait alors l'Escorial, affirme que cette laide et singulière figure du bourreau de saint Jacques est tout simplement celle d'un artisan de Logroño.

On plaça ces quatre tableaux dans la sacristie du couvent, et le *Mudo* fut aussitôt chargé d'en peindre quatre autres de même dimension pour la sacristie du collège, à savoir : *la Nativité*, *le Christ à la colonne*, *la Sainte-Famille* et *saint Jean écrivant l'Apocalypse dans l'île de Pathmos*. Ces compositions, peintes à Madrid, furent présentées à l'Escorial le 19 novembre 1575, et payées au *Mudo* huit cents ducats.

* Cette cellule n'était pas ce que son nom pourrait faire croire, car on y comptait jusqu'à quatorze salons ou galeries magnifiquement ornés.

L'ensemble de ces huit tableaux pareils formait l'œuvre capitale du peintre. Cet ensemble fut détruit par un incendie qui dévora trois des tableaux, *l'Assomption*, le *saint Philippe* et le *saint Jean*. Les cinq que l'on sauva furent placés depuis dans le cloître principal du monastère. Outre leur incontestable mérite, ils sont tous remarquables par quelque circonstance particulière. Ainsi le *Martyre de saint Jacques* et le *saint Jérôme* sont terminés avec un fini minutieux, qui forme comme une première manière dont le *Mudo* s'écarta dans ses autres compositions. *Le Christ à la colonne*, vu de face, est une tête admirable, dont la douceur et la beauté contrastent merveilleusement avec l'ignoble laideur des manants qui se préparent à le flageller. Dans *la Sainte-Famille*, les têtes sont également très-belles et très-expressives; mais, par un étrange caprice, le peintre a placé au premier plan du tableau, d'un côté, une perdrix, de l'autre, un chien et un chat qui se disputent un os avec de si comiques contorsions qu'on ne peut les regarder sans rire. Enfin, dans *la Nativité*, le *Mudo* s'est attaché à vaincre une difficulté formidable; il a éclairé son tableau par trois lumières : celle qui s'échappe du saint Enfant, celle qui descend de la *gloire* et s'étend sur toute la composition, celle enfin que répand un flambeau que saint Joseph tient à la main. Le groupe des bergers est la meilleure partie de ce tableau. On rapporte que le peintre florentin Peregrino Tibaldi ne pouvait se lasser de les admirer, et s'écriait sans cesse dans son enthousiasme : *Oh! gli belli pastori!* Cette exclamation est devenue le nom du tableau, qu'on appelle *les beaux bergers*, comme plus tard l'exclamation de Luca Giordano : *C'est la théologie de la peinture*, servit à nommer le dernier tableau de Velazquez.

En 1576, le *Mudo* peignit son fameux tableau d'*Abraham et les trois anges*, qui lui fut payé le prix considérable de cinq cents ducats. Ce fut au mois d'août de la même année qu'il fit avec le prieur, l'inspecteur et le trésorier de l'Escorial un contrat singulier dont l'original est conservé dans les archives du monastère. Par ce contrat, on lui commandait trente-deux tableaux, qu'il s'engageait à livrer en quatre ans. Vingt-sept de ces tableaux devaient avoir sept pieds et demi de haut sur sept et un quart de large, et les cinq autres treize pieds de haut sur neuf de large. On prévoit minutieusement, dans le contrat, tous les détails de la commande; par exemple : Les toiles devront être d'un seul morceau et sans couture; le travail sera tout entier de la main de Juan Fernandez Navarrete; il devra se faire, soit au couvent, soit à Madrid, soit à Logroño; les figures devront avoir juste six pieds un quart de hauteur[*]; si le même saint est répété plusieurs fois dans les tableaux, il devra toujours avoir le même visage et les mêmes vêtements; le peintre ne mettra, dans ses tableaux, *ni chien, ni chat, ni figure déshonnête*, etc. Ce contrat est signé, non-seulement par le *Mudo*, qui avait appris à lire, à écrire, à jouer aux cartes, et qui était d'une instruction peu commune en histoire et en mythologie, mais aussi par un certain Fran-

---

[*] Le pied d'Espagne est un peu moins grand que notre ancien pied de roi

cisco de la Peña, avec lequel il conversait par signes, et qui lui servait d'interprète.

Le *Mudo* ne put point terminer cette vaste commande; il peignit seulement, pendant les années 1577 et 1578, les huit premiers tableaux qui représentent, de deux en deux, les apôtres, les évangélistes, saint Paul et saint Barnabé. Les vingt-quatre autres tableaux furent achevés dans les années suivantes par Alonzo Sanchez Coello et Luis de Caravajal. Le *Mudo*, dont la santé avait toujours été débile et qui était alors attaqué d'une obstruction à l'estomac, fut contraint de chercher dans de petits voyages quelque soulagement à ses maux. Enfin, il alla mourir, le 28 mars 1579, à Tolède, chez son ami Nicolas de Vergara; il était âgé d'environ cinquante-deux ans.

Son testament, écrit de sa main, fut une espèce d'énigme, qu'on ne put expliquer que par une enquête judiciaire et sur les témoignages de ses amis. Voici la traduction littérale de ce testament, où l'on peut voir à quelle brièveté se réduisent les idées chez un homme qui n'a point avec les autres hommes de communications orales :

> « Jésus, Notre-Dame.
> » Exécuteur testamentaire, Nicolas de Vergara.
> » Ame, pauvres, 200 ducats.
> » Frère moine, 200 ducats ; pauvres.
> » Fille religieuse, 600 ducats.
> » Estrella, frères, 500 ducats ; messe.
> » Maria Fernandez, 100 ducats.
> » Père, messe, 200 ducats.
> » Valet, 40 ducats.
> » JUAN FERNANDEZ. »

Voici maintenant l'explication qui résulta de l'enquête : Le testateur se met d'abord sous l'invocation de Jésus et de Marie, et nomme son ami pour exécuteur de ses volontés. Le troisième alinéa veut dire que, pour son enterrement, les prières de l'Église et les dons aux pauvres, on dépense deux cents ducats. Le quatrième alinéa, que l'on donne à son frère Fray Bautista Fernandez, moine franciscain, et pendant sa vie, le revenu de deux cents ducats, qui seront ensuite distribués aux pauvres. Le cinquième, qu'on mette au couvent, avec une dot de six cents ducats, une fille naturelle, encore enfant, qu'il avait à Ségovie. Le sixième, qu'on donne cinq cents ducats au couvent d'Estrella, à condition que les moines fonderaient à perpétuité une messe journalière pour son âme. Le septième, qu'on donne cent ducats à l'une de ses parentes nommée Maria Fernandez, mariée à Agustin Perez, bourgeois de Logroño. Le huitième, qu'on donne à la paroisse de Notre-Dame de la Redonda, à Logroño, où son père était enterré et avait une chapelle, deux cents ducats pour y fonder une messe commémorative. Enfin, le neuvième, qu'on donne quarante ducats à son domestique Adam Mimoso. La mère du *Mudo* fit transporter et déposer ses os dans le couvent de la Estrella, où il avait reçu les premières leçons de peinture.

On peut dire que les ouvrages du *Mudo* sont tout à fait inconnus. Les divers tableaux que nous avons indiqués plus haut, ayant tous été commandés pour l'Escorial, sont demeurés jusqu'à présent ensevelis dans cette royale solitude, devenue presque inaccessible.

Toute son œuvre est là; le musée de Madrid n'a pu obtenir que ce petit *Baptême du Christ* qu'à son arrivée d'Italie le *Mudo* présenta pour faire accepter ses services au roi Philippe II. C'est tout ce que le musée possède de ce grand peintre, à moins qu'on n'y ait recueilli tout récemment quatre tableaux qui ornaient le couvent de la Estrella, et que les connaisseurs lui attribuent, bien que les moines de ce monastère aient toujours prétendu, par orgueil de corporation, qu'ils étaient de son maître Fray Vicente. Il est bien difficile, sur ce seul échantillon, sur ce petit tableau qui a précédé tous ses ouvrages et sa grande manière, de juger le peintre éminent qui faisait l'admiration de son siècle, et auquel on commandait de préférence les plus grandes peintures du Versailles monacal de Philippe II. Bornons-nous à répéter avec tous ceux qui ont écrit sur ses ouvrages, qu'il fut excellent par le dessin et par le coloris, par l'ordonnance et par l'expression; bornons-nous à dire qu'on l'a nommé d'une voix unanime le *Titien espagnol*, non-seulement parce qu'il fut l'élève chéri du maître, dont il imita la manière de préférence à toute autre, mais aussi parce qu'il égala, sinon par le nombre, au moins par le mérite des œuvres, l'immortel vieillard de Cadore.

On a conservé deux petites pièces de vers faites par le grand Lope de Vega à la louange du *Mudo*. Voici la meilleure, avec la traduction littérale :

> No quiso el cielo que hablase,
> Porque con mi entendimiento
> Diese mayor sentimiento
> A las cosas que pintase;
> Y tanta vida les di
> Con el pincel singular,
> Que como no pude hablar,
> Hice que hablasen por mi.

« Le ciel n'a pas voulu que je parlasse, afin qu'avec mon intelligence je donnasse plus de sentiment aux choses que je peindrais ; et je leur ai donné tant de vie, avec mon pinceau merveilleux, que, n'ayant pu parler, j'ai fait qu'elles parlassent pour moi. »

Il s'est trouvé, en Espagne, deux autres peintres muets et surnommés tous deux *el Mudo*. L'un s'appelait Diego Lopez; l'autre n'est connu que sous le nom de Pedro el Mudo. Ce dernier avait du mérite, et a laissé quelques ouvrages distingués, sans que l'on puisse pourtant les attribuer à l'illustre muet de Logroño.

EL GRECO.

On pourrait s'étonner que nous eussions donné place dans ces *notices* à un homme qui n'était pas Espagnol, et qui ne fut pas un grand peintre. Et pourtant, si l'on prend garde qu'il passa en Espagne toute sa vie d'artiste, et que, malgré ses bizarreries extravagantes, il eut un sentiment de l'art très-vif, très-élevé, qu'il acquit une réputation considérable, qu'il fit une école et des élèves meilleurs que lui, l'on conviendra qu'il était impossible de le passer sous silence. D'ailleurs, le talent qui s'égare n'est peut-être pas moins utile à étudier que le génie qui marche droit au but.

Domenico Théotocopuli, qu'on sait être né dans la Grèce, sans que l'on sache positivement ni le lieu ni l'époque de sa naissance, alla d'abord, soit par vocation, soit par accident, étudier l'art en Italie. Il fut élève, ou plutôt condisciple de Titien, car son nom ne figure pas sur le long catalogue des élèves qu'eut le grand peintre de Venise. Ce fut en Italie, sans doute, que lui fut donné le surnom de Greco sous lequel il est connu; les Espagnols l'eussent appelé *el Griego*. L'on ne sait pas davantage pourquoi Théotocopuli, s'éloignant de plus en plus de l'Orient, vint se fixer en Espagne. Le premier événement certain de sa vie, c'est qu'en 1577 il habitait Tolède, et qu'il venait de commencer à peindre, pour la sacristie de la cathédrale de cette ville, son grand tableau du *Partage des vêtements de Jésus*, le plus célèbre et sans doute le meilleur de ses ouvrages. Il faisait aussi les ornements d'architecture de l'autel, car le *Greco* fut sculpteur et architecte, aussi bien que peintre, à la manière de Berruguete et d'Alonzo Cano. Ces premiers travaux, qui lui furent payés un prix fort élevé, répandirent sur-le-champ son nom, que recommandait déjà à la curiosité publique une origine lointaine.

Comme Moralès, comme le *Mudo*, comme tous les artistes éminents de l'époque, il fut appelé par Philippe II pour concourir à la décoration de l'Escorial. En 1579, on lui commanda le tableau de *saint Maurice et ses compagnons*. Ce fut alors que, changeant brusquement de manière, il se jeta dans une voie nouvelle, où, pour être original, il se fit volontairement faux et ridicule. Son premier tableau était tout à fait dans le style de son illustre condisciple vénitien; au point que le Vago, si peu prodigue d'éloges pour les peintres espagnols, convient que « l'on y retrouve toute la manière de Titien, que les têtes » sont si belles et si expressives, qu'on les croirait de Titien lui-même. » Dans le *saint Maurice*, au contraire, le *Greco* adopta ce dessin fantastique, ce coloris grisâtre, pâle, blafard, qui font de ses personnages autant d'ombres et de revenants, enfin tout le *parti pris* d'une bizarrerie vraiment maladive, et qui s'étendait jusqu'à la forme de ses cadres, allongés hors de proportion.

Il est inutile de suivre le *Greco* dans tous les ouvrages de peinture et de sculpture architecturale qu'il fit à Tolède, à Madrid, et dans plusieurs autres villes. Bornons-nous à dire que, malgré l'extravagance volontaire de ses procédés, il vécut estimé comme artiste, parce qu'on trouvait même dans son coloris étrange un certain *faire* de maître, un empâtement savant et vigoureux, parce que ses leçons et ses conseils valaient mieux que ses ouvrages, parce qu'il aidait et protégeait les artistes, parce qu'il avait enfin une noble idée de l'art, et qu'il en soutint la dignité sous toutes les formes. Par exemple, il résista au collecteur des impôts (*alcabalero*) d'Illescas, qui voulait lui faire payer le droit de vente (*alcabala*) sur les tableaux et ornements qu'il avait faits pour les églises de cette ville. L'affaire fut portée, en 1600, devant le conseil supérieur de finance, qui prononça un arrêt favorable au *Greco*, en déclarant exempts de tous tributs les trois arts que leur excellence rendait dignes de ces priviléges. Cet arrêt fixa en quelque sorte la jurisprudence sur ce point, et servit plus tard à repousser les prétentions que le fisc éleva maintes fois contre les artistes.

Le *Greco* mourut en 1625, âgé d'environ quatre-vingts ans, et fut enterré dans l'église de *San-Bartolomé* à Tolède. Son ami, Don Luis de Gongora, le célèbre fondateur de la secte littéraire des *Cultos*, lui fit, en guise d'épitaphe, un sonnet bizarre et emphatique, dont la traduction ne serait pas supportable. Palavicino lui avait également adressé deux sonnets, recueillis dans ses œuvres posthumes, pour lui payer son portrait en monnaie de poëte. Le *Greco* avait travaillé, comme Titien, jusqu'en ses dernières années. Francisco Pacheco raconte que, l'ayant visité en 1611, le *Greco* lui montra, dans un immense buffet, des modèles en terre cuite de ses divers ouvrages de sculpture, et, dans une grande salle, les esquisses de tous les tableaux qu'il avait peints. « Qui pourrait croire, dit-il ailleurs, » que le *Greco* retouchait mainte et mainte fois ses peintures justement pour séparer et » désunir les couleurs, et qu'il en faisait d'horribles ébauches pour affecter la vigueur et » la sûreté de main? » Du reste, Pacheco ajoute que c'était un homme de grandes connaissances, de beaucoup d'esprit, renommé pour ses saillies, et qui écrivit sur les trois arts qu'il exerçait. Ces écrits du *Greco* ne sont point arrivés jusqu'à nous. Il laissa un fils, Jorge Manuel Theotocopuli, qui fut sculpteur et architecte, mais non peintre, et plusieurs élèves très-distingués, très-supérieurs à lui, entre autres, Luis Tristan, Fray Juan Bautista Mayno et Pedro Orrente.

SANCHEZ COELLO.

Ce que Velazquez fut pour Philippe IV, Alonzo Sanchez Coello l'avait été pour Philippe II, le peintre chéri, le courtisan familier, le *privado del rey*. Fort jeune encore, et après avoir épousé à Madrid, en 1541, doña Luisa Reynalte, Sanchez Coello accompagna Antonio Moro à Lisbonne, lorsque ce peintre y fut envoyé par Charles-Quint pour y faire les portraits de toute la famille royale. Coello resta au service du prince don Juan, époux de doña Juana, fille de l'empereur et sœur de Philippe II. Devenue veuve, doña Juana le recommanda à son frère, auquel il plut par son talent et par son esprit, et qui en fit son peintre de confiance et d'intimité. L'affection que lui portait ce roi, si peu affectueux, était telle que, lorsqu'il ne l'emmenait pas avec lui dans ses expéditions militaires, il lui écrivait très-fréquemment, et de sa propre main, en adressant les lettres à *son bien-aimé fils Alonzo Sanchez Coello* (*al muy amado hijo Alonzo Sanchez Coello*). Au reste, pour faire comprendre jusqu'où s'étendit cette singulière liaison de Philippe II et de son peintre, il est plus simple de copier ce que rapporte sur ce point Francisco Pacheco :

« Le roi lui donna pour logement de vastes maisons toutes proches du palais, et comme
» il en avait seul la clef, par un passage secret et en robe de chambre, il lui arrivait mainte
» fois d'entrer inopinément chez lui, et de l'assaillir tandis qu'il était à dîner avec sa fa-
» mille. Et lorsque le peintre voulait se lever pour le saluer révérencieusement comme
» son roi, il lui commandait de rester en place, et entrait ensuite, par passe-temps, dans
» son atelier. D'autres fois, il le surprenait assis et peignant, et s'approchant par derrière,
» il lui mettait les mains sur les épaules ; et quand Alonzo Sanchez se voyait si favorisé de
» sa majesté, et qu'il essayait, par juste civilité, de se mettre debout, le roi le faisait as-
» seoir et continuer sa peinture.

» Coello fit plusieurs fois son portrait, armé, en pied, à cheval, en habits de voyage,
» en manteau et bonnet. Il peignit également dix-sept personnes royales, reines, princes,

» infants et infantes, qui l'honoraient et l'estimaient à ce point qu'ils entraient familière-
» ment chez lui pour jouer et se divertir avec sa femme et ses enfants. Il ne fut pas moins
» honoré de réputation par les plus grands princes du monde, par les papes Grégoire XIII
» et Sixte-Quint, le grand-duc de Florence, celui de Savoie, le cardinal Alexandre Far-
» nèse, frère du duc de Parme, etc.

» Jamais il ne manqua à sa table un grand d'Espagne ou un gentilhomme de haute
» naissance, car, étant si favorisé d'un si grand monarque, beaucoup voulaient être favo-
» risés de lui. Sa maison fut fréquentée par les plus grands personnages de son temps, le
» cardinal Granvella, l'archevêque de Tolède, don Gaspar de Quiroga, l'archevêque de
» Séville, don Rodrigo de Castro, et, ce qui est plus encore, le seigneur don Juan d'Au-
» triche, le prince don Carlos, et une infinité de seigneurs, de grands, d'ambassadeurs,
» au point que, mainte fois, les chevaux, litières, carrosses et chaises à porteurs remplirent
» deux grandes cours de sa maison; et, devenu le peintre le plus renommé de son temps,
» il gagna plus de 55,000 ducats. »

Chose étrange! on n'a pu découvrir ni dans quel endroit ni à quelle époque naquit ce peintre si célèbre et si fortuné. Longtemps on l'a cru Portugais, et c'est ce qu'affirme Palomino. Mais le savant et laborieux Alvarez Baena, en compulsant les preuves de noblesse fournies par le petit-fils de Sanchez Coello, don Antonio Herrera, pour se faire admettre dans l'ordre de Saint-Jacques, a trouvé quelques indications précises qui contredisent la croyance commune. D'après ces preuves, le peintre de Philippe II serait né, au commencement du XVI° siècle, dans le bourg de Benifayró, royaume de Valence, et baptisé à la Alqueria-Blanca; son nom de famille aurait été Sanchez Galvan Coello, ce dernier venant sans doute de sa mère. En ce cas, ce serait à cause de son voyage et de son séjour à Lisbonne que Vincenzo Carducci l'aurait appelé *Lusitano*, et qu'on lui aurait quelquefois donné le nom de *Titien portugais*.

En 1570, Sanchez Coello fut chargé, avec Diego de Urbina, de peindre les arcs de triomphe élevés à Madrid pour l'entrée d'Anne d'Autriche, femme de Philippe II. On a conservé des relations très-détaillées de son travail, qui fut fort admiré, et qu'on lui paya, à dire d'experts, 75,875 maravédis (environ 5,600 fr.). En 1582, il avait achevé de remplir la salle des portraits dans le palais du Pardo. On y voyait, outre les portraits de la famille royale, ceux de la princesse de Portugal, doña Juana, de la femme du roi de Portugal Jean III, doña Catalina, de don Juan d'Autriche, l'illustre frère naturel de Philippe II, du prince don Carlos, dont la fin tragique a tant exercé les romanciers et les poëtes, de l'empereur Rodolphe, des archiducs Ernest et Ferdinand; enfin de plusieurs seigneurs attachés à la personne du roi.

Quoique Sanchez Coello eût alors atteint un âge très-avancé, Philippe II voulut qu'il concourût à l'ornement des autels de son Escorial. Il peignit successivement, depuis 1582, sept tableaux de *saint Paul ermite et saint Antoine, saint Étienne et saint Laurent, saint*

Vincent et saint Georges, sainte Catherine et sainte Agnès, enfin, *saint Just et le Pasteur,* où il plaça une charmante vue d'Alcala de Henarès, avec le coteau qui domine cette ville et l'ermitage qui le couronne. Il fit à la même époque un admirable portrait du P. Siguenza, plein de vérité et de vie, et celui du fameux saint Ignace de Loyola, fondateur de l'ordre des Jésuites. Il peignit ce portrait, qu'on dit fort ressemblant, après la mort du saint, seulement avec l'aide d'un masque de cire moulé sur son visage, et les conseils d'un de ses disciples, le P. Ribadeneyra.

Les incendies successifs du palais du Pardo et de l'ancien Alcazar de Madrid détruisirent presque tous les portraits laissés pas Sanchez Coello, c'est-à-dire son œuvre principale. Il ne reste de lui que les tableaux faits pour l'Escorial, où ils ont une réputation égale à ceux du *Mudo*, mais qui ne s'étend guère au delà des limites du monastère. Madrid n'avait conservé que son seul tableau de *saint Sébastien,* fait en 1580, et placé dans une chapelle du couvent de *San-Geronimo;* ce tableau est tout à fait dans le grand style du XVI° siècle.

Sanchez Coello mourut en 1590, laissant plusieurs élèves distingués, Pantoja de la Cruz, Felipe de Liaño et sa fille doña Isabel. Cette dernière, à laquelle le bachelier Juan Perez de Moya consacra un article dans son livre intitulé *Santas é illustres mugeres,* naquit à Madrid en 1564, et y mourut en 1612, veuve de don Francisco de Herrera y Saavedra, chevalier de Saint-Jacques et regidor de cette capitale. Elle avait appris de son père le dessin, la peinture, et elle acquit, dans le portrait, une réputation méritée. C'était une femme accomplie, qu'on citait également pour ses talents en musique, son esprit naturel et ses connaissances variées.

PACHECO.

Plusieurs hommes, en Espagne, ont cultivé les arts et les lettres, et, peintres, ont écrit sur la peinture. Sans avoir les proportions aussi hautes que Céspedès, Pacheco, son ami, s'est le plus approché de cet illustre Michel-Ange de Cordoue, et même, sous le point de vue d'utilité pratique, envisagé simplement comme professeur de l'art de peindre, il l'a surpassé, dans les résultats, par ses écrits et par ses leçons; il l'a surpassé dans ses élèves.

C'est à Séville, d'une famille distinguée, qu'est né Francisco Pacheco. Quant à l'année de sa naissance, il est difficile de la fixer avec certitude. Palomino cite 1580, mais c'est une erreur manifeste, car, dans son livre de l'*Arte de la pintura*, pour lequel il obtint un privilége en 1641, Pacheco dit lui-même (folio 470) qu'il avait soixante-dix ans lorsqu'il écrivait. Cela ferait remonter sa naissance au moins à neuf années plus tôt, c'est-à-dire à 1571. Neveu du chanoine Francisco Pacheco, latiniste érudit et poëte à la façon de Santeuil, il étudia la peinture à Séville même, et sous la direction d'un certain Luis Fernandez, qu'il ne faut pas confondre avec un autre peintre du même nom, appartenant à l'école de Madrid, où il résidait quarante ans plus tard. Palomino se trompe encore lorsqu'il affirme que Pacheco se rendit en Italie, et qu'il étudia devant les œuvres de Raphaël. Voici un passage de son livre qui prouve le contraire : « Dans le choix des » sujets, dit-il, dans la grâce et l'arrangement des figures, l'élégance des vêtements, la » noblesse et la propriété, je suivrais Raphaël d'Urbino, que, par une secrète force de » nature, et dès mes plus tendres années, je me suis toujours efforcé d'imiter, poussé à » cela par ses admirables compositions, et par un dessin original de sa main, au lavis, » qui est venu en mon pouvoir, et que je conserve depuis bien des années..... » Loin de signifier que Pacheco a étudié Raphaël en Italie, ce passage veut dire qu'il ne l'a connu que par les gravures qui se trouvaient à Séville.

Ce fut donc sans sortir de son pays qu'il continua ses études, tant au collége qu'à l'atelier; car il comprit de bonne heure combien la connaissance de l'histoire, de la mythologie, en un mot combien les connaissances classiques sont indispensables à la peinture. Il débuta par un ouvrage assez bizarre. En 1594, on le chargea de peindre les étendards de la flotte qui partait pour la Nouvelle-Espagne. Sur des fonds en damas cramoisi, de quarante à cinquante aunes, il représenta saint Jacques à cheval, avec des bordures composées. En 1598, il peignit à fresque le quart des décorations du magnifique catafalque élevé à Philippe II dans la cathédrale de Séville, et qui inspira à Cervantès son fameux sonnet burlesque. Enfin, en 1600, Pacheco fut choisi, de préférence à Alonzo Vazquez, pour représenter *la vie de saint Raymond* en six grands tableaux, destinés au cloître principal du couvent de la *Merced-Calzada*; puis, en 1603, il peignit à fresque et sur toile, dans les appartements de don Fernando Henriquez de Ribera, troisième duc d'Alcala, l'histoire de *Dédale et Icare*. Ce sujet était difficile, car il fallait placer en l'air, et sans soutien, des figures en raccourci. Pacheco mérita les éloges de Céspedès, et fut largement récompensé par le duc, auquel il adressa, en manière de remercîment, un sonnet assez ingénieux, assez délicat, mais tout à fait dans ce goût des *concetti* qui régnait alors. Ce fut Pacheco qui, le premier à Séville, mit du soin et de l'art à peindre les chairs et les étoffes des statues. On en cite un grand nombre, toutes de la main de son ami le sculpteur Juan Martinez Montañès, qui furent coloriées par lui, suivant l'habitude du temps. Poussant ce goût plus loin encore, il imagina le premier d'ajouter aux bas-reliefs des couleurs et des fonds en perspective, mêlant ainsi complétement, pour qu'ils se prêtassent un mutuel appui, deux arts qui peuvent et doivent se suffire. Enfin, quelques années plus tard, il essaya de peindre sur du marbre, en mettant à profit, comme dans un camée, les taches naturelles de la matière. Il exécuta ainsi un *Baptême du Christ* et un *Repas dans le désert* pour le retable du collège de *San-Hermenegildo*, et un *saint Jean-Baptiste* pour la chartreuse de *Santa-Maria de las Cuevas*.

Le désir d'étudier les œuvres des maîtres conduisit Pacheco à Madrid, en 1611. Il visita aussi l'Escorial et Tolède, où il fit la connaissance du *Greco*. Après être devenu l'ami de Vincenzo Carducci et d'autres peintres de la capitale, il revint à Séville, et reprit ses travaux avec la ferveur nouvelle et l'habileté plus grande que lui avait données la vue des chefs-d'œuvre qui peuplaient déjà les palais des rois d'Espagne. Peu de temps après, en 1614, il acheva son œuvre principale, le grand tableau du *Jugement dernier*, qui fut placé dans le couvent des religieuses de *Santa-Isabel*, et dont son livre contient une si minutieuse description. Ce fut également à son retour de Madrid qu'il ouvrit, dans son atelier, une classe de peinture, où les élèves affluèrent, et qui exerça la plus puissante, la plus heureuse influence sur toute l'école espagnole. Il suffit de dire à ce propos que Pacheco fut le maître d'Alonzo Cano et de Velazquez qui, à son tour, acheva de former Murillo.

En 1618, il fut nommé familier de l'inquisition, par le Saint-Office de Séville, chargé de veiller au maintien de l'orthodoxie et de la décence dans les peintures sacrées; puis, en 1623, il accompagna son gendre don Diego Velazquez de Silva à Madrid, où l'appelait le comte-duc d'Olivarès. Il fut témoin des succès qu'obtint son illustre élève et des honneurs dont le combla Philippe IV. Mais, préférant pour lui-même une vie plus retirée et plus paisible, Pacheco revint à Séville, où il reçut l'accueil le plus empressé. Sa maison

redevint bientôt ce qu'elle était déjà avant son départ, le commun rendez-vous des personnages de distinction, des érudits, des poëtes, des artistes, et, comme dit le licencié Rodrigo Caro, dans ses *Claros Varones de Sevilla*, « l'académie ordinaire des esprits les
» plus cultivés de Séville et des provinces. » Au moyen de ce concours, et pendant les longues années de vie qui lui restèrent, Pacheco put former la plus curieuse galerie. On compte qu'il fit plus de cent cinquante portraits à l'huile, presque tous de petite dimension, et plus de cent soixante portraits aux crayons rouge et noir, représentant tous les hommes de quelque mérite et de quelque renommée qui avaient paru chez lui. Dans le nombre étaient ceux de Cervantès, de Quevedo, de Herrera le poëte, etc. Il mourut, en 1654, dans un âge très-avancé, emportant les regrets de tous ceux qui l'avaient connu.

Pacheco, si promptement et si pleinement surpassé par les élèves sortis de son école, n'a pu conserver, comme peintre d'exécution, une réputation bien haute. Carducci, Palomino, le nomment peintre de science et d'enseignement, et, de son vivant même, il eut à subir d'assez vives critiques; témoin cette épigramme qu'un Andaloux malin écrivit au bas d'un Christ nu qu'il avait exposé :

¿ Quién os puso así, señor,	« Qui vous a fait ainsi, seigneur, si
Tan desabrido y tan seco ?	» dolent, si blême et si sec ? Vous me
Vos me direis que el amor,	» direz que c'est l'amour ; moi je dis
Mas yo digo que Pacheco.	» que c'est Pacheco. »

Cependant il faut lui rendre plus de justice. On trouve, dans toutes ses œuvres, une grande correction de dessin, un style pur, de la noblesse, des attitudes naturelles, et une connaissance profonde de la lumière et de la perspective. Avec ces qualités importantes, s'il eût eu le coloris plus doux et plus suave, l'exécution plus franche et plus déliée, il aurait au moins égalé les meilleurs peintres de l'Andalousie, qui ont souvent sacrifié l'exactitude de la forme à l'éclat de la couleur. Pacheco mettait dans la préparation de ses ouvrages un soin minutieux. Pendant quarante ans d'exercice, il n'oublia jamais de faire précéder par deux ou trois dessins d'étude l'exécution d'un tableau : il peignait d'abord les têtes à part, et d'après nature; il dessinait aussi sur papier de couleur, et toujours d'après nature, les bras, les mains, les jambes, toutes les parties de nu dont il avait besoin, puis les étoffes, les vêtements, qu'il disposait sur le mannequin ; et de tous ces fragments préparés, il formait ensuite la composition générale.

Pacheco a laissé un ouvrage important intitulé : *Arte de la pintura*, qui renferme toutes les connaissances que peuvent donner sur la matière une longue étude et une longue expérience. C'est un ouvrage resté longtemps élémentaire, classique, et considéré par les Espagnols comme le meilleur du genre, écrit dans leur langue.

FIN.

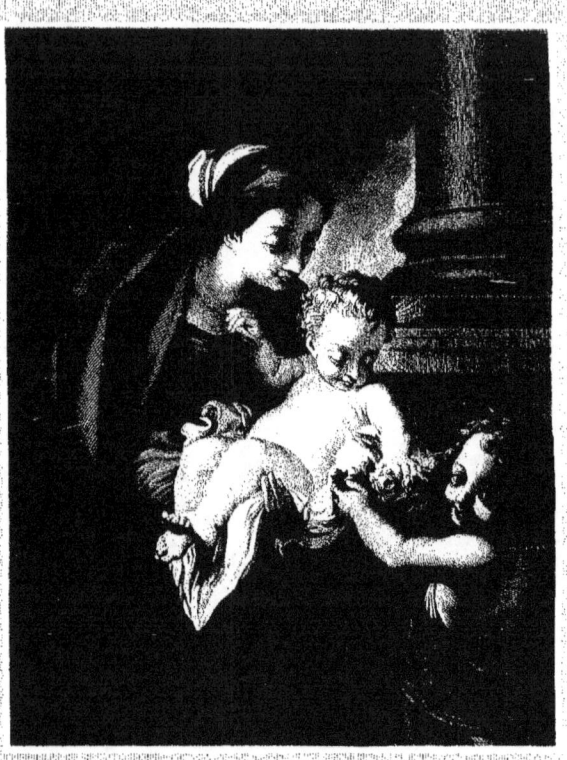

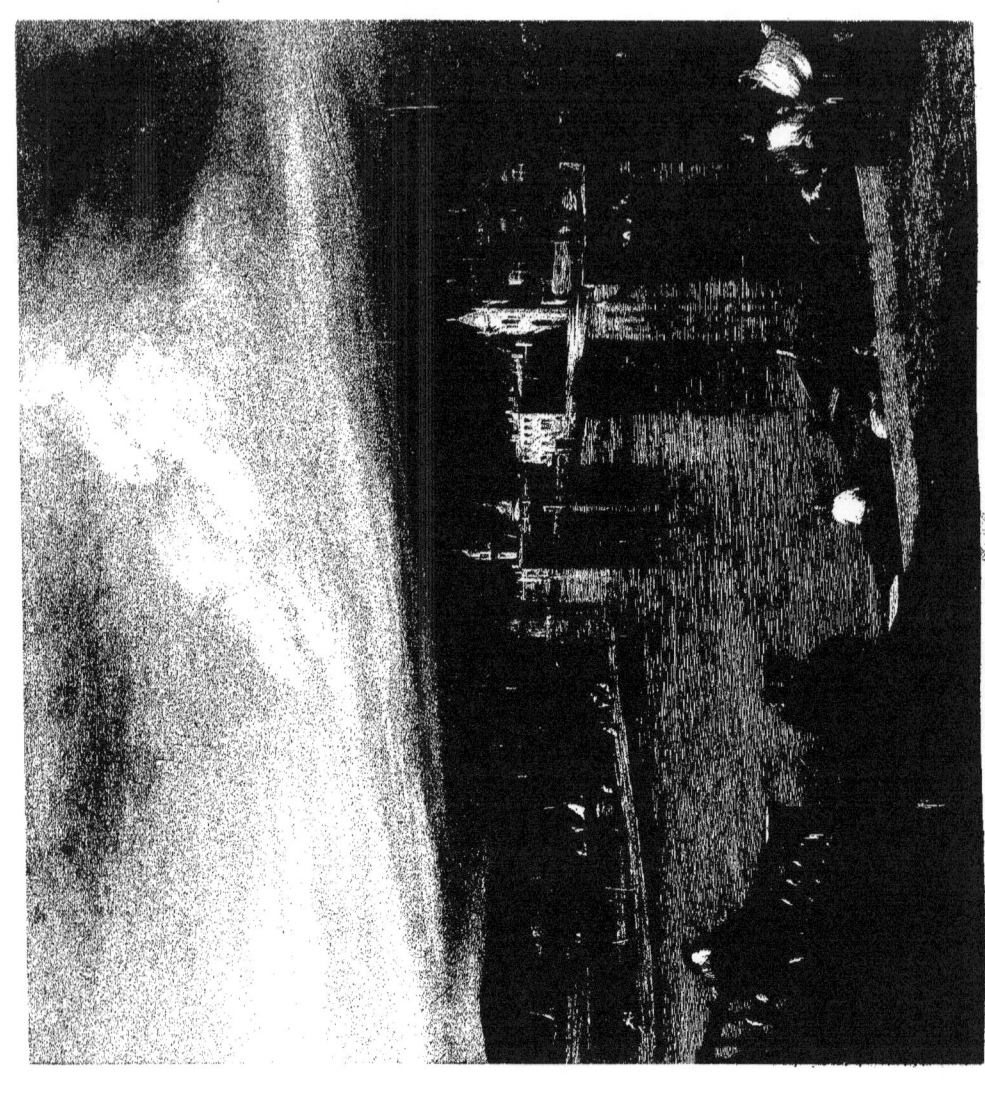

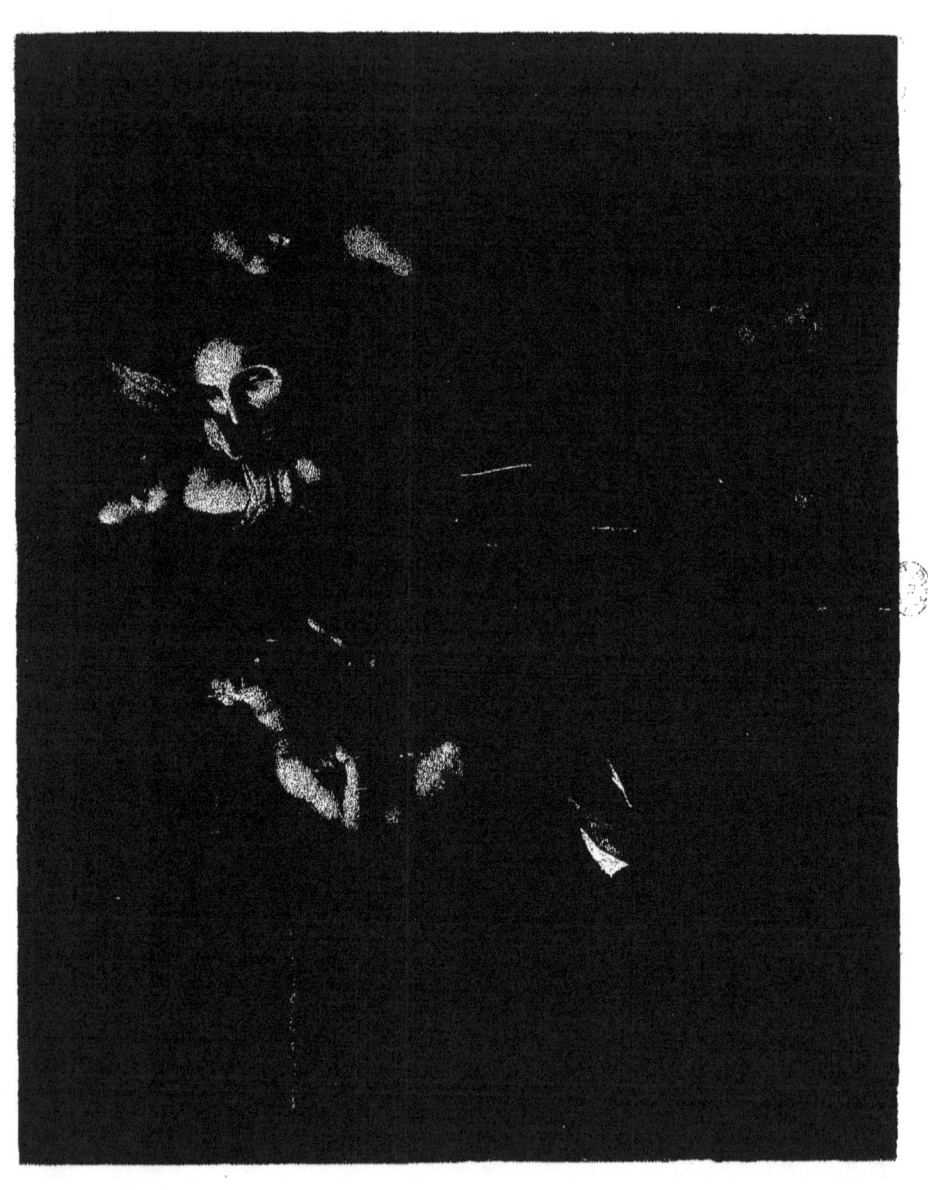

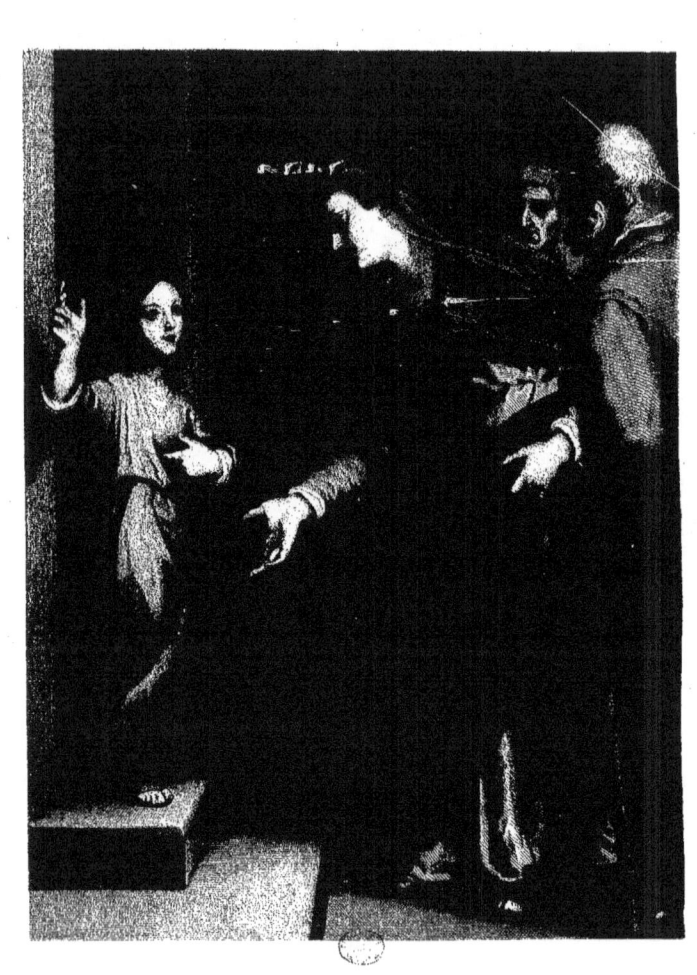

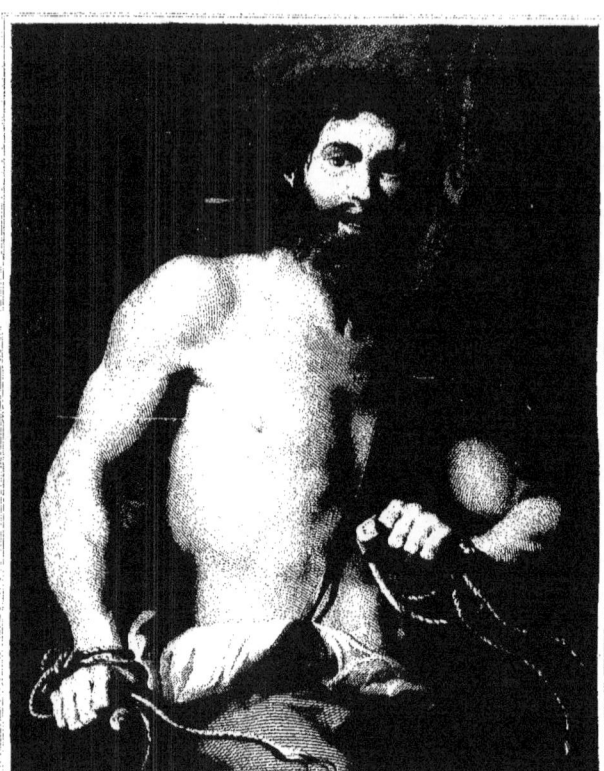

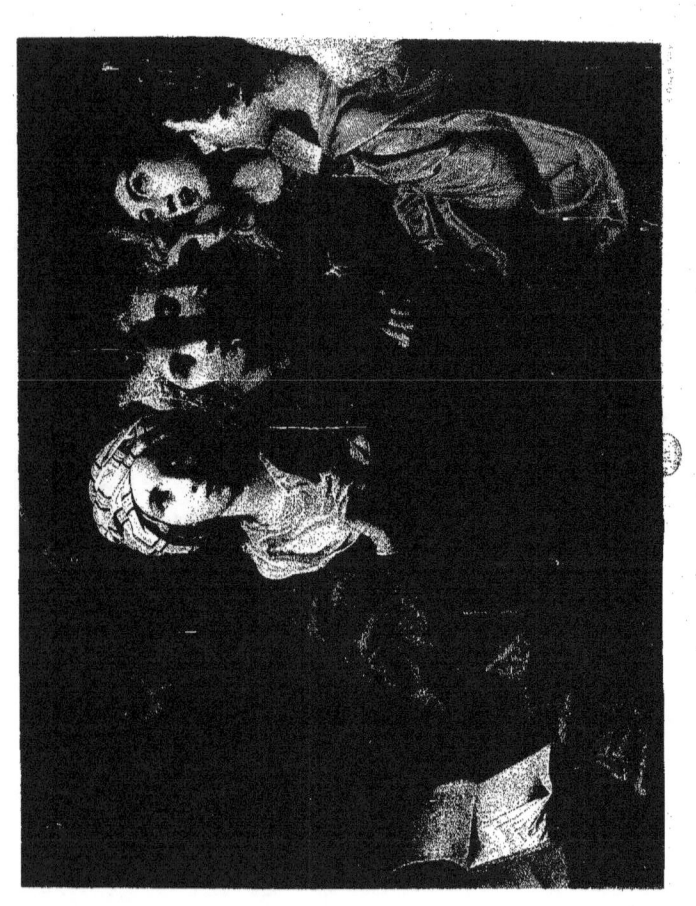

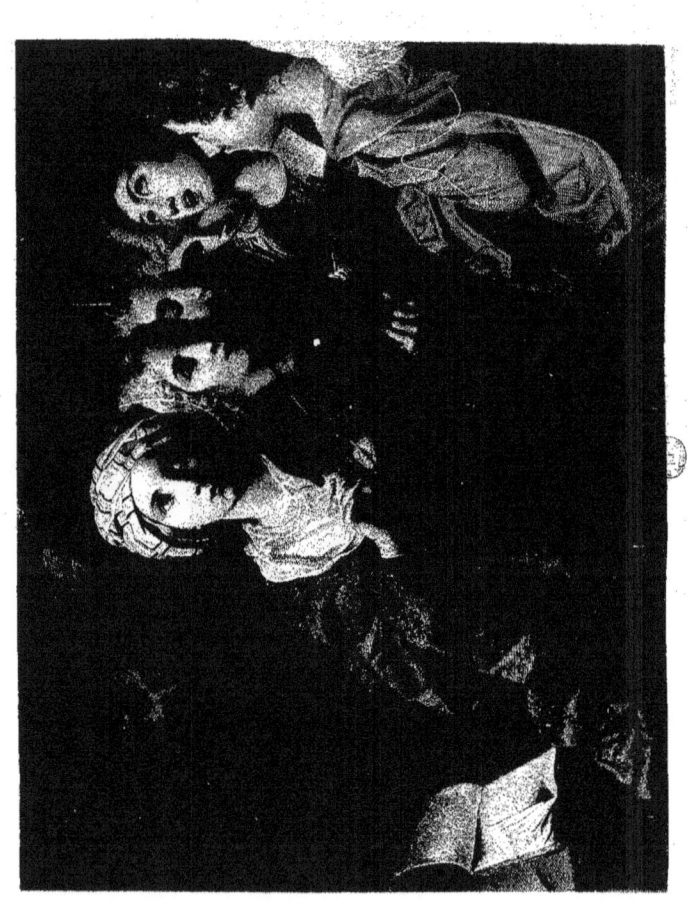

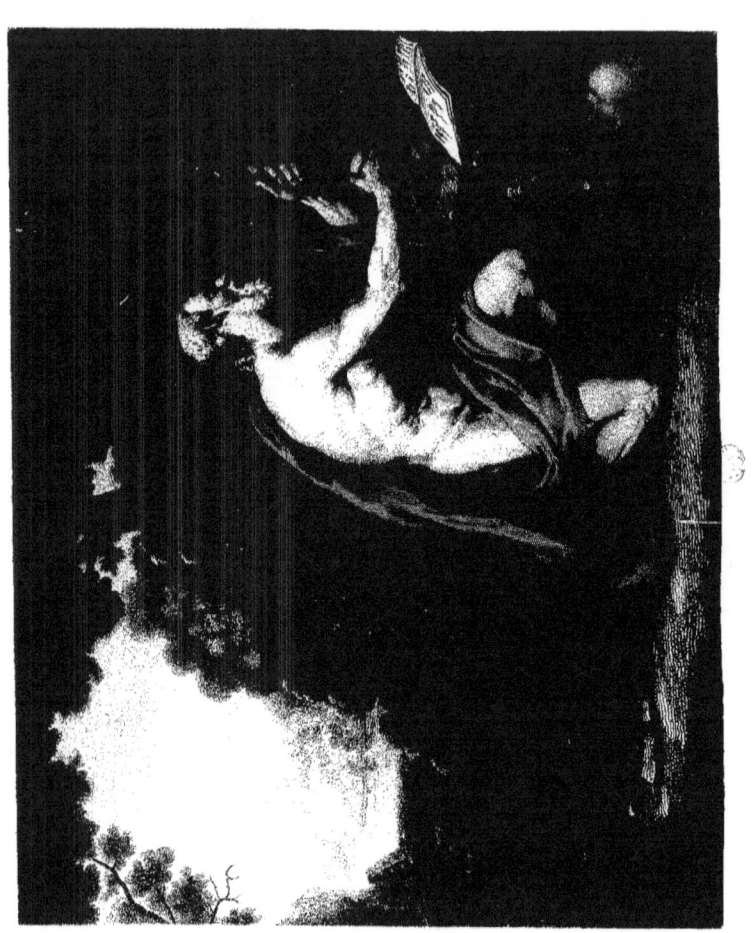

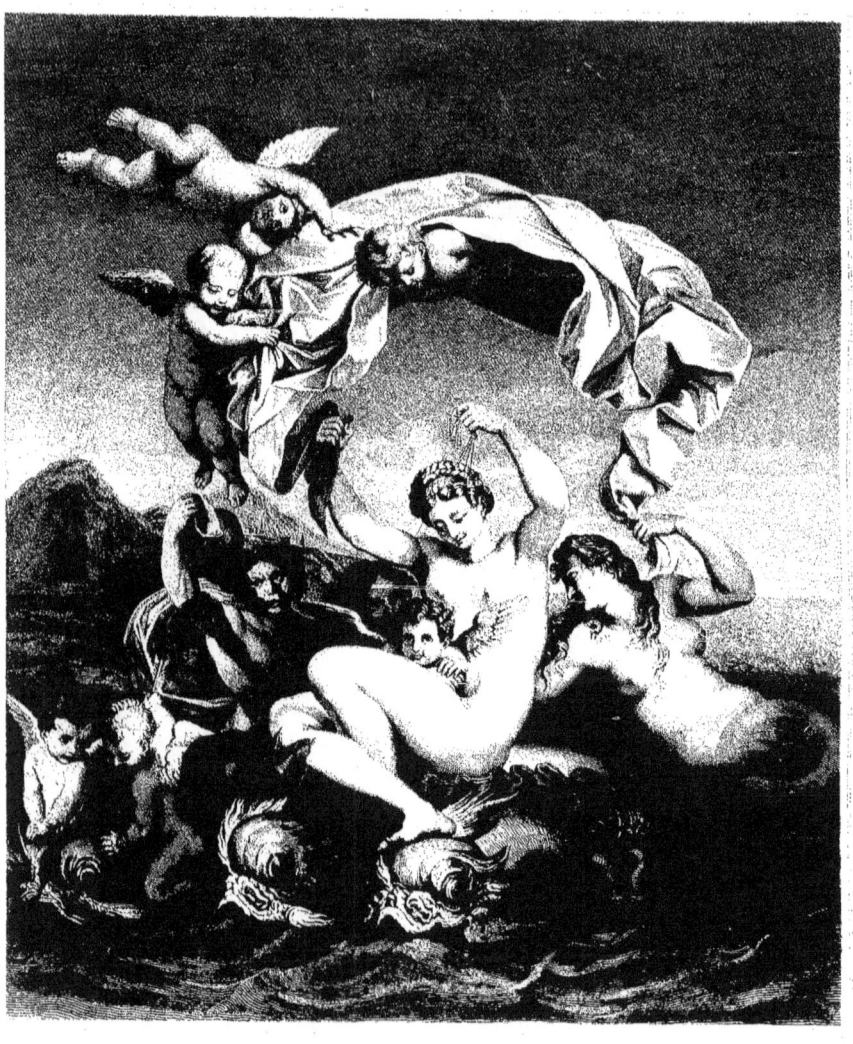

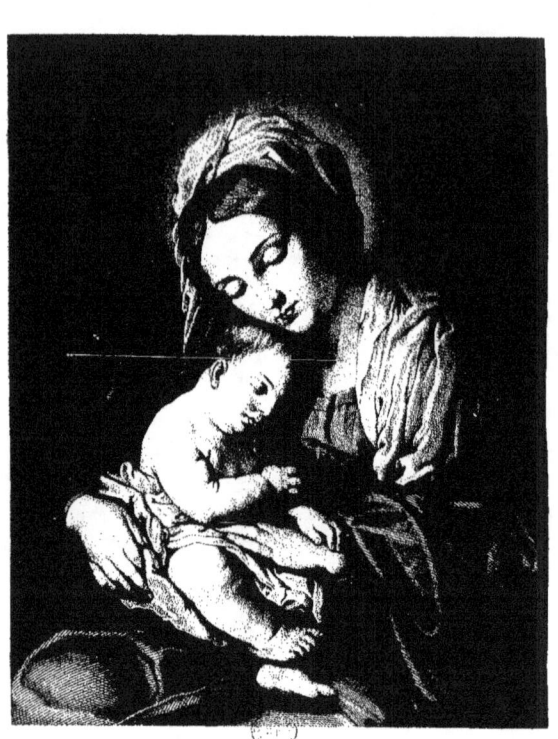

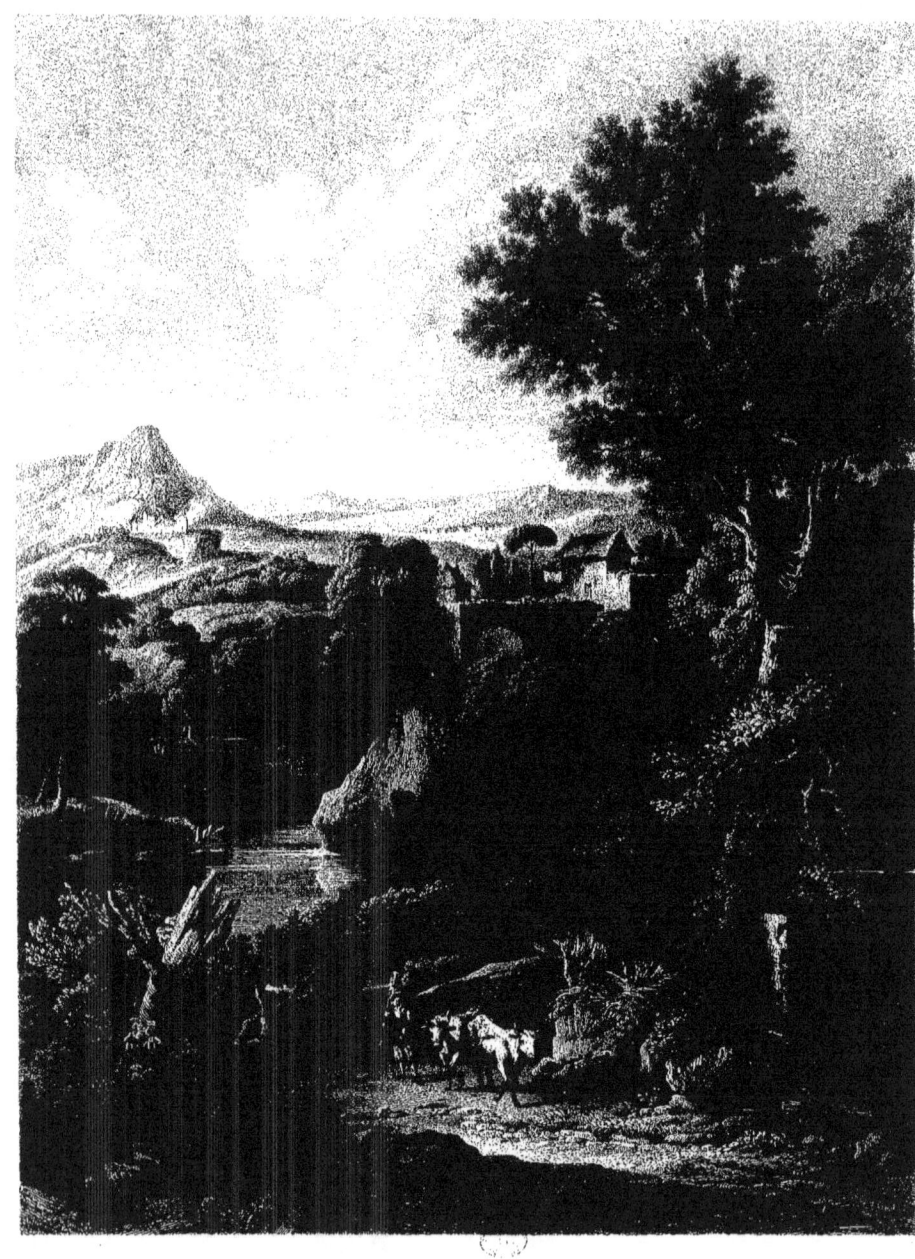

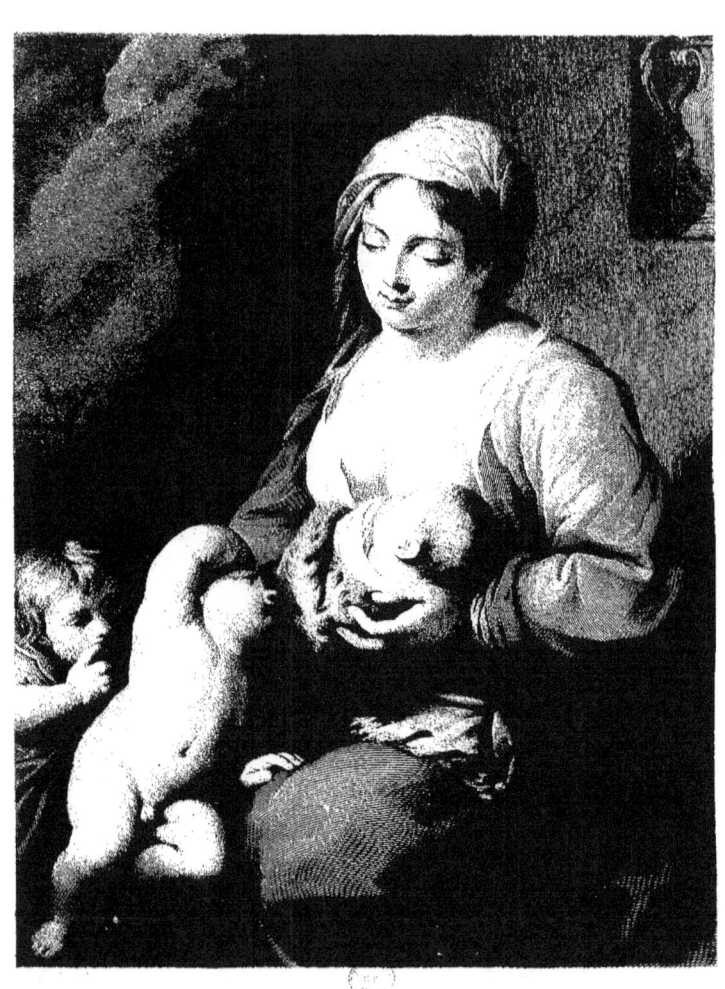

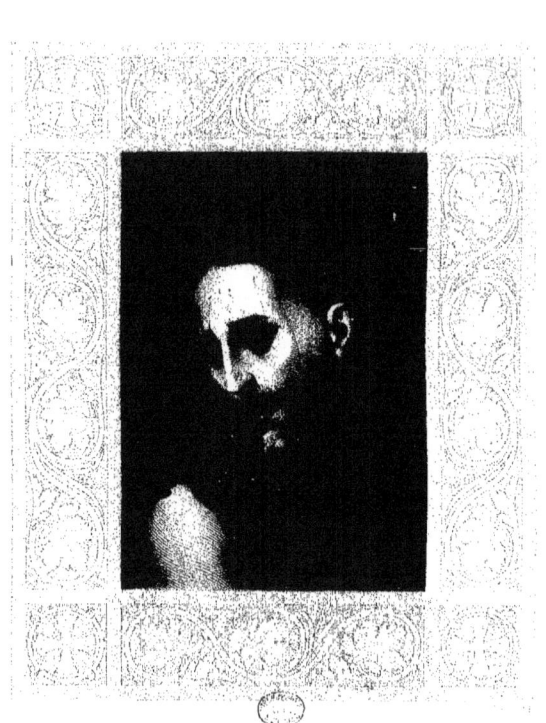

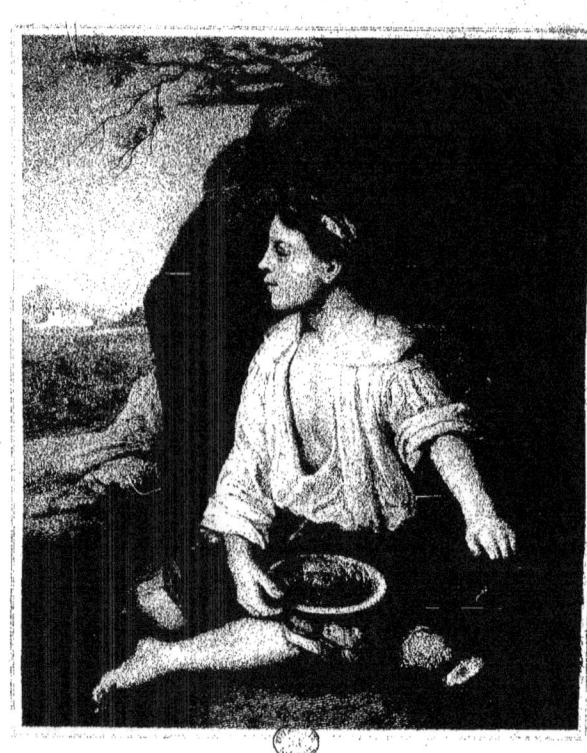

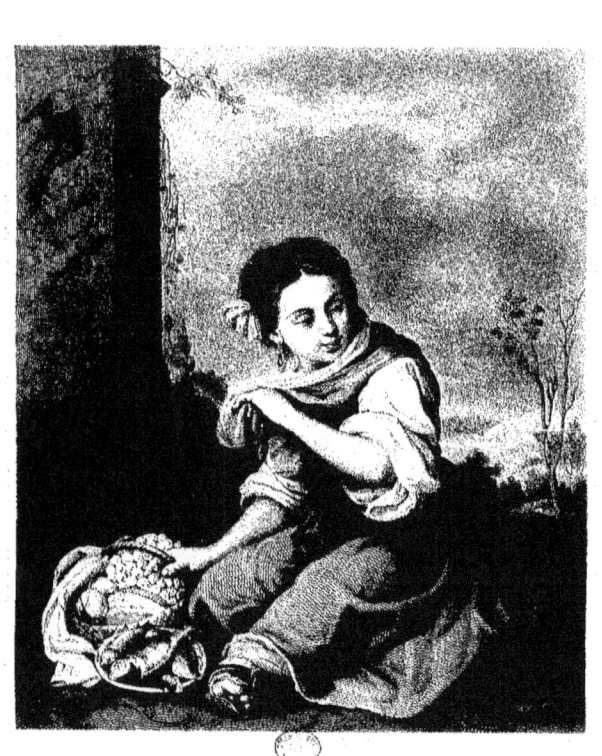

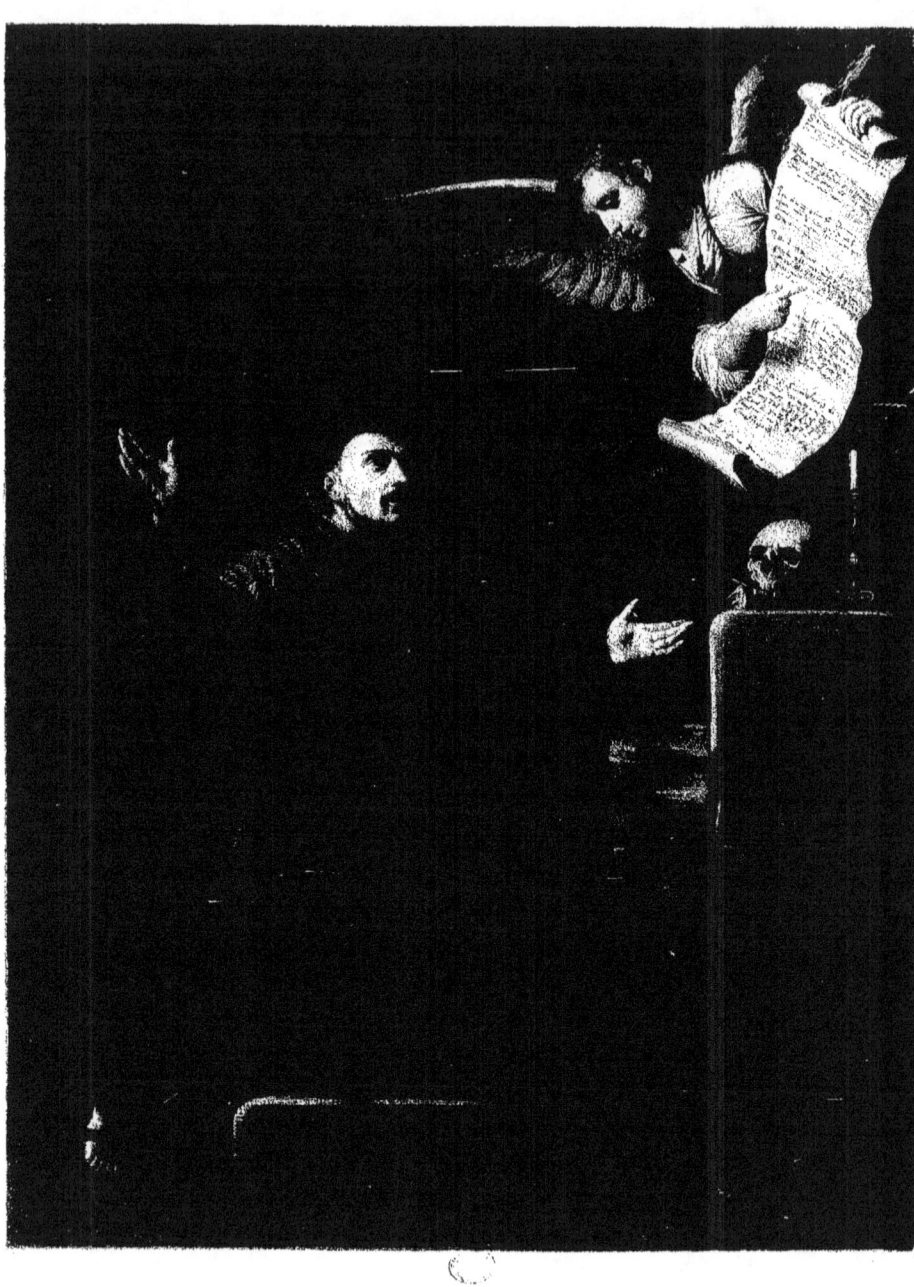

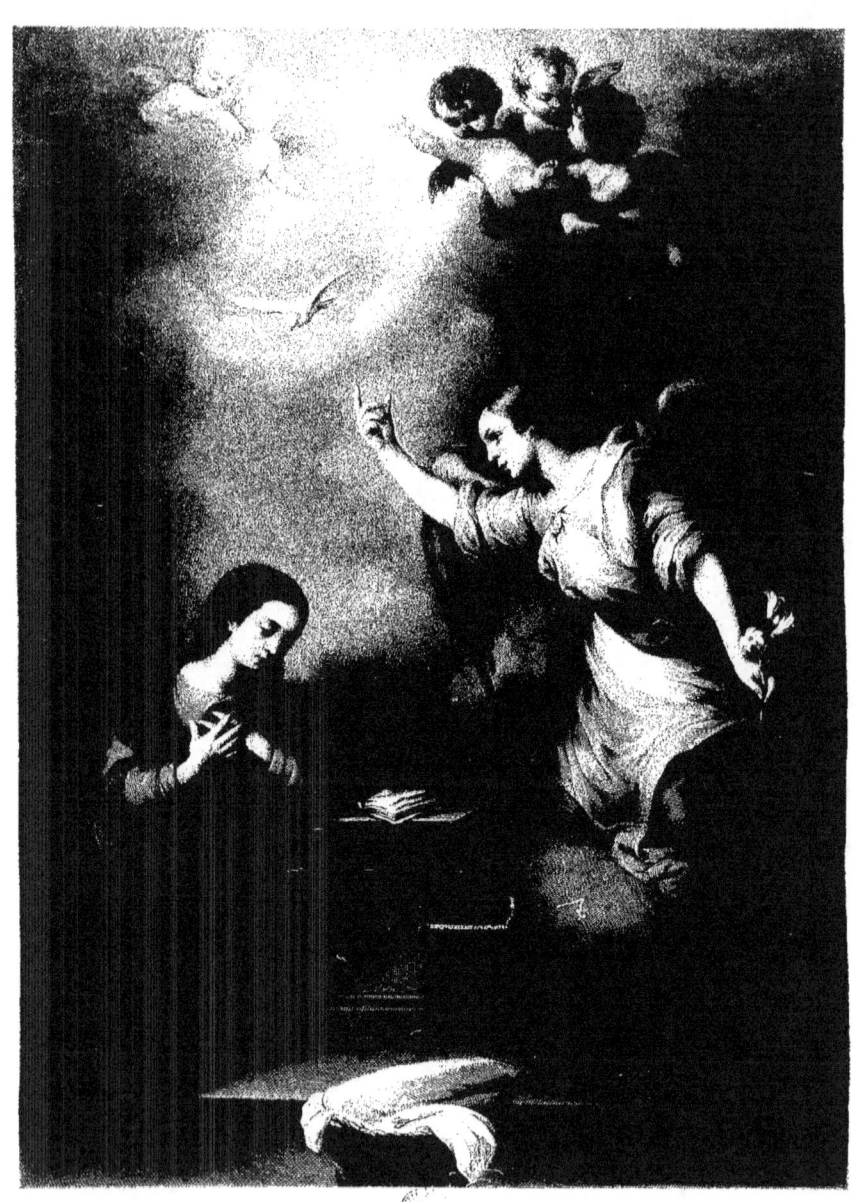

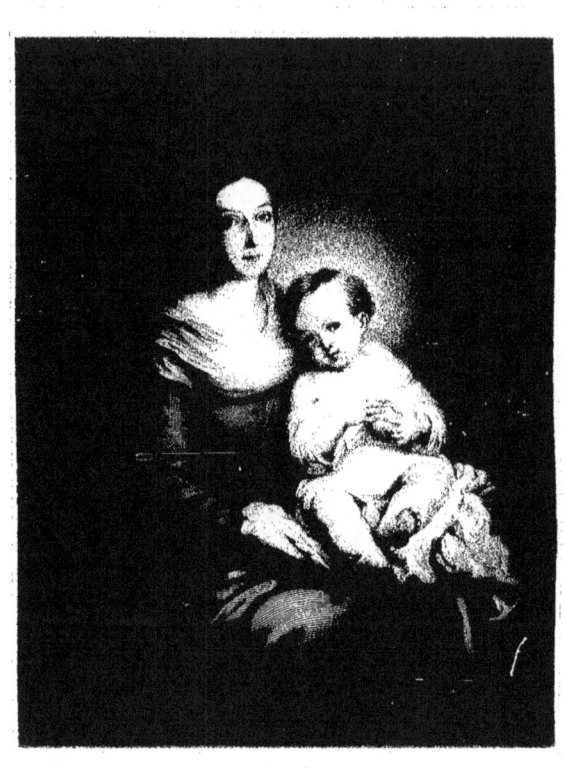

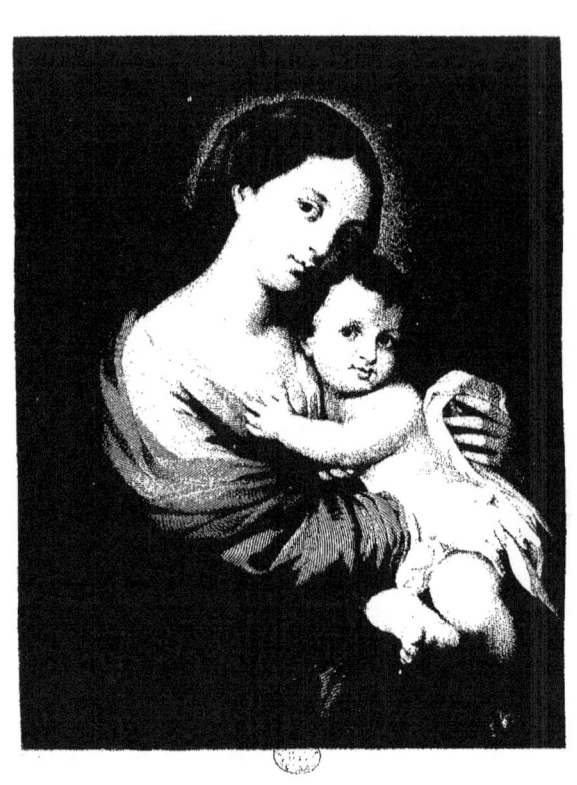

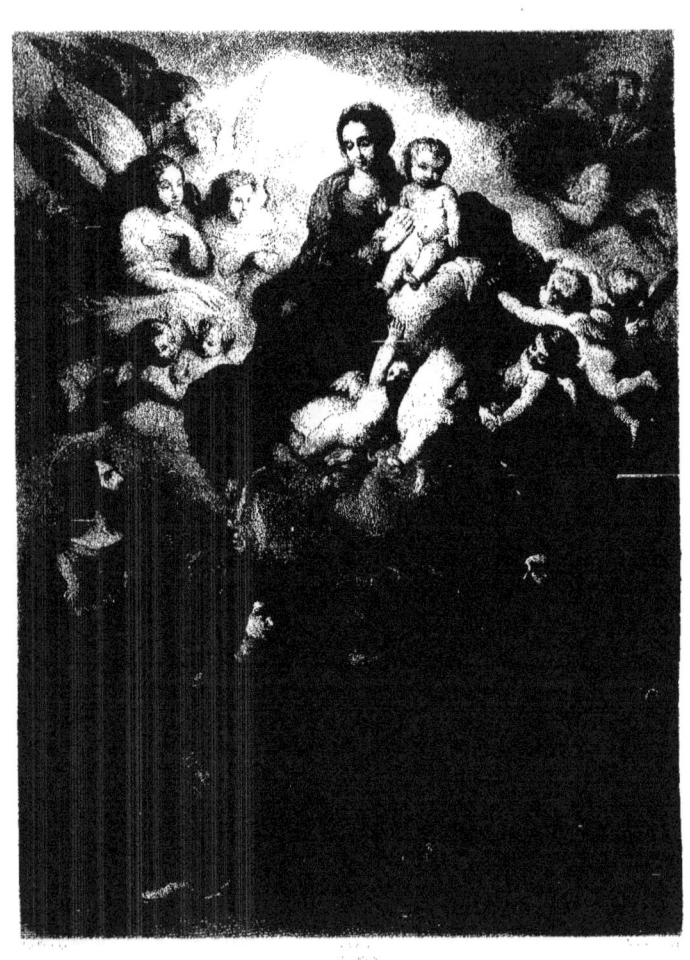

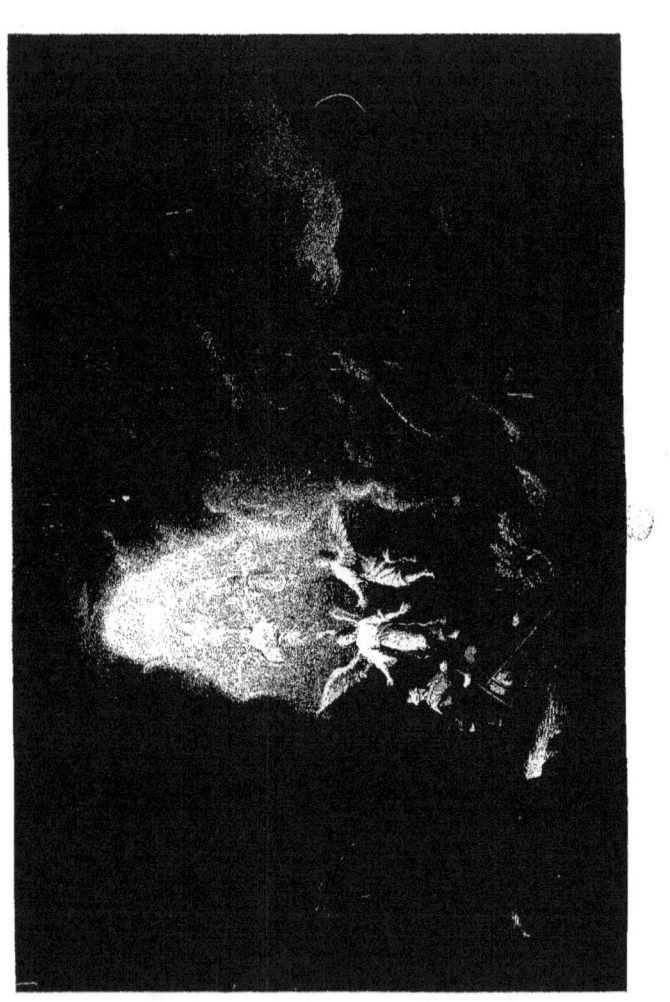

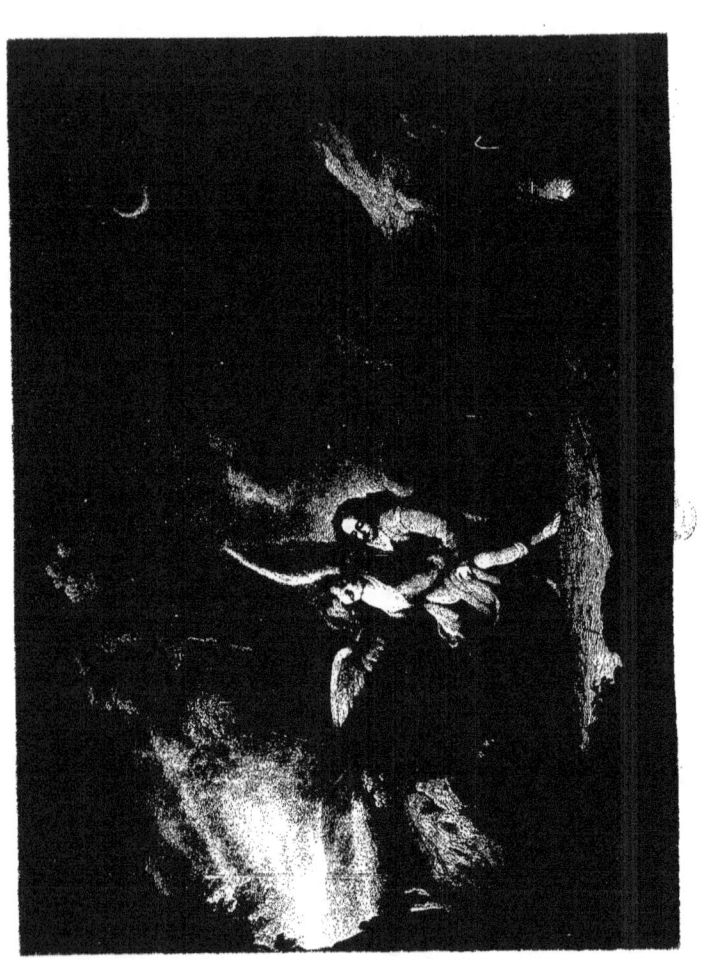

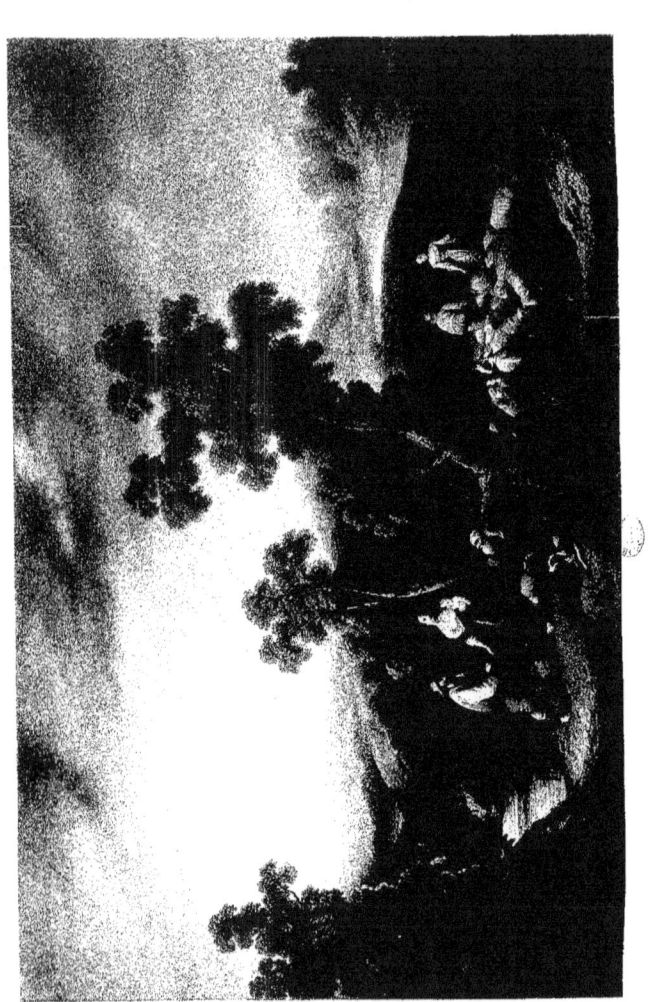

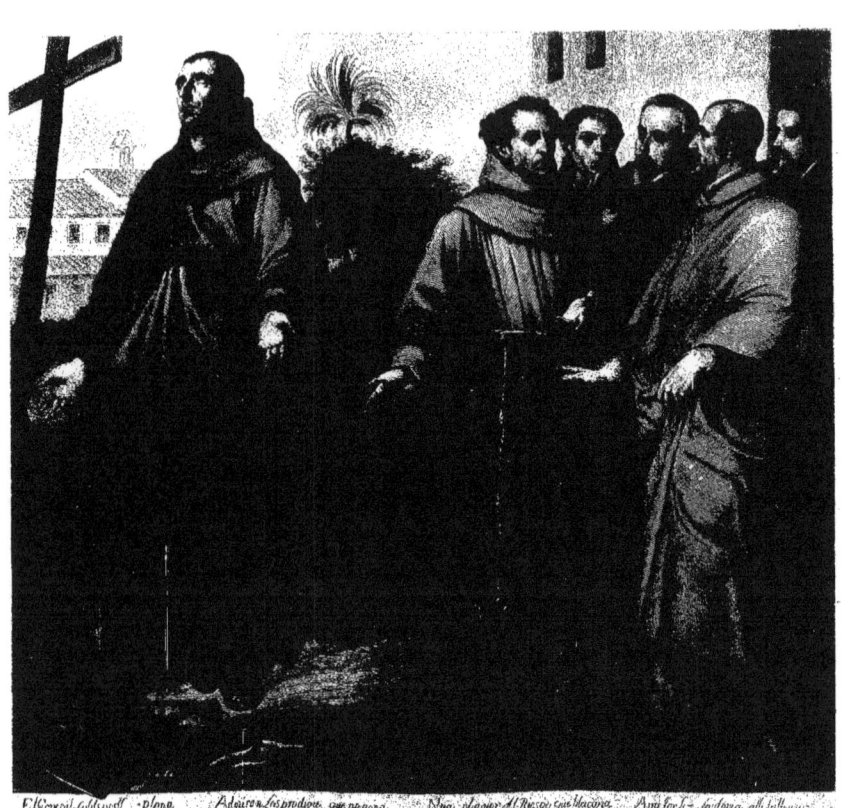

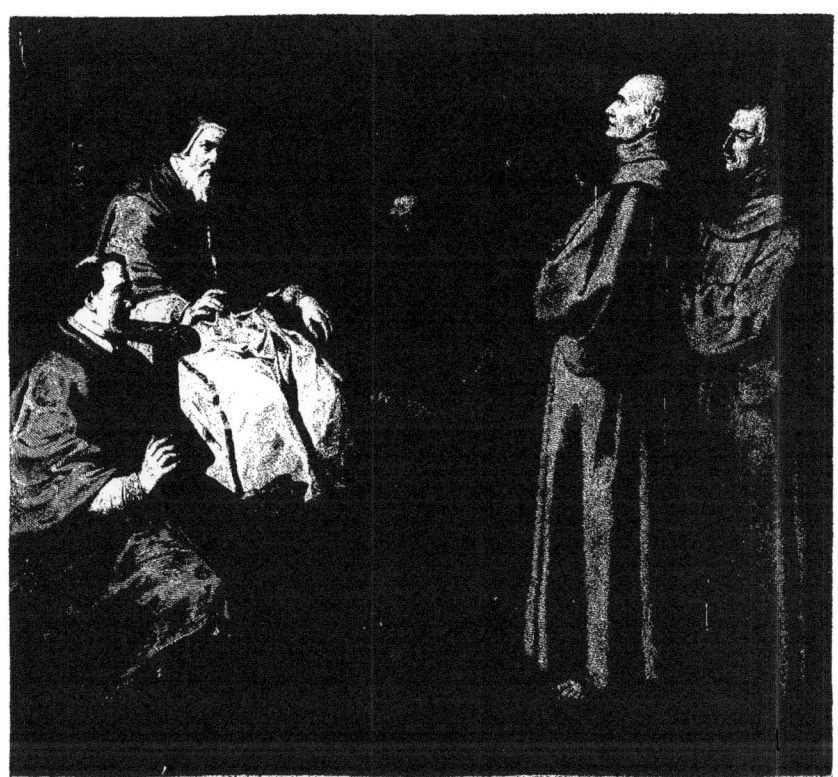

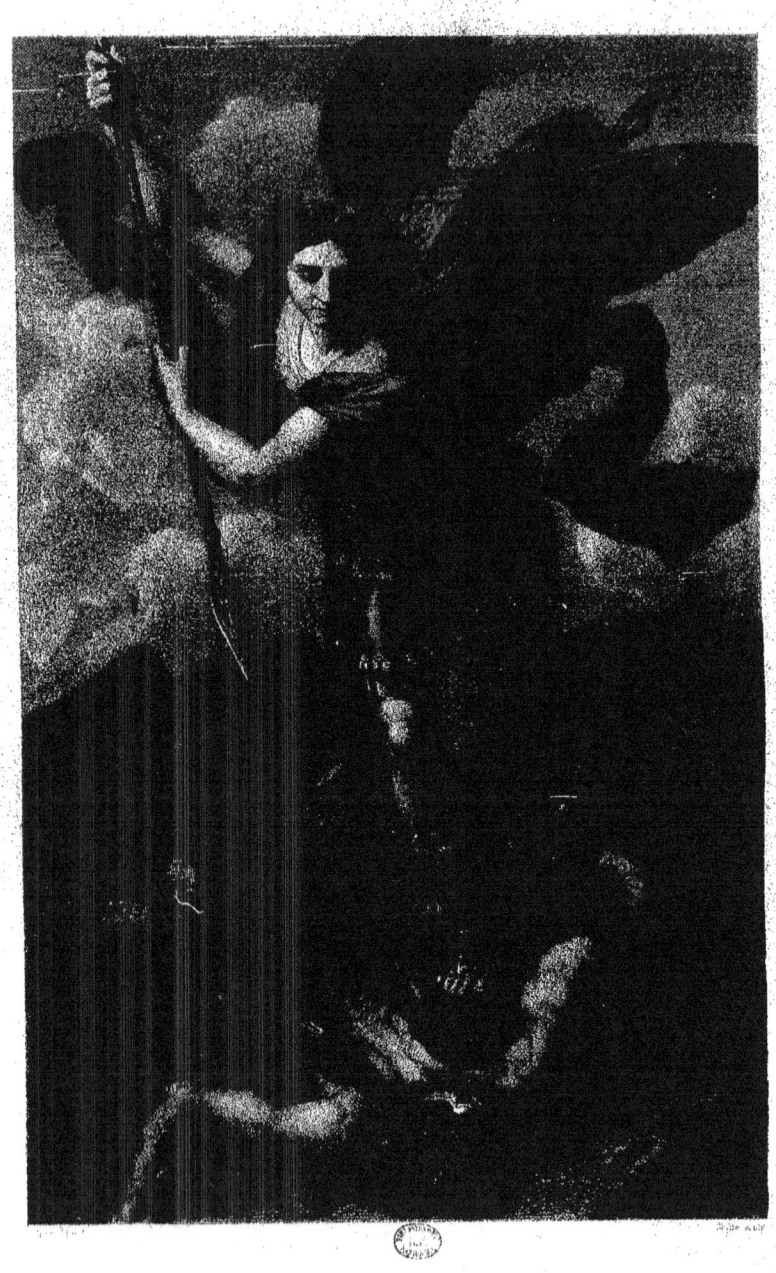

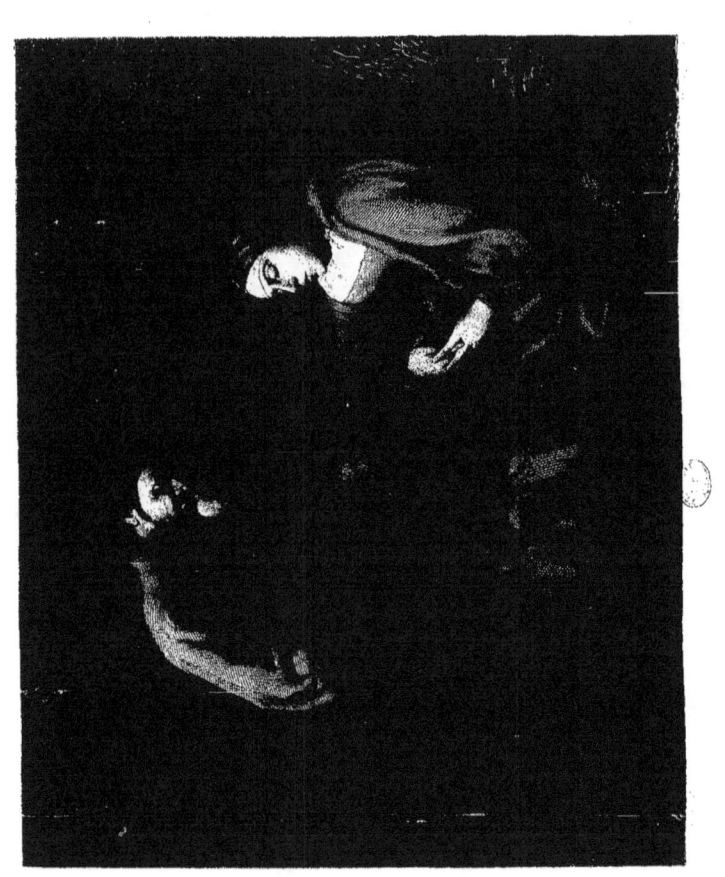

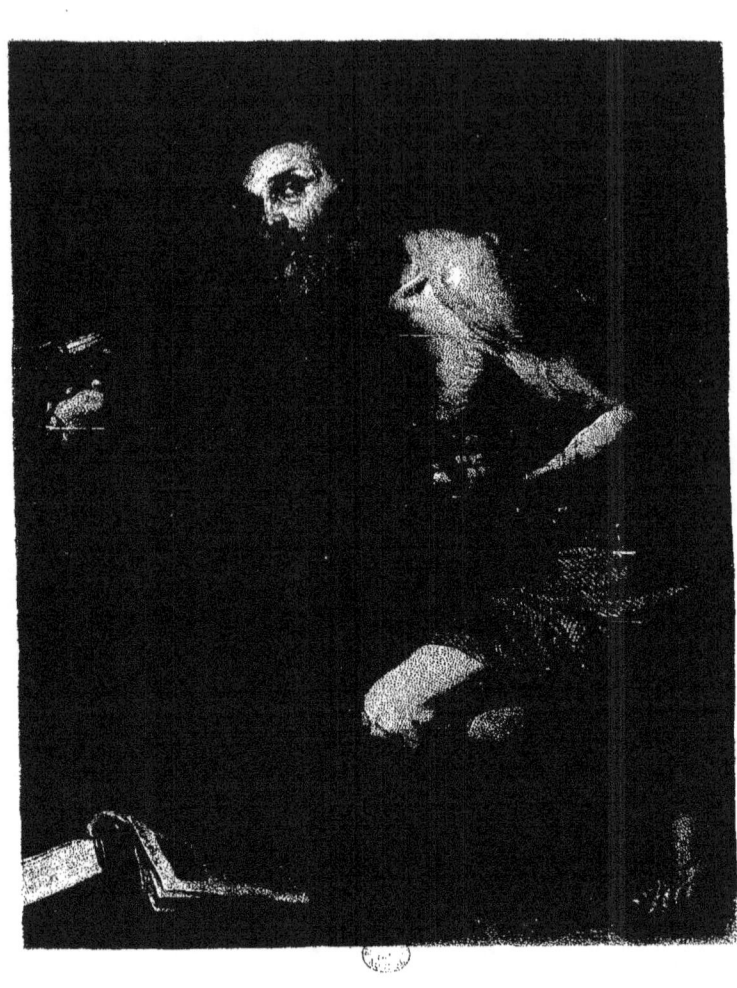

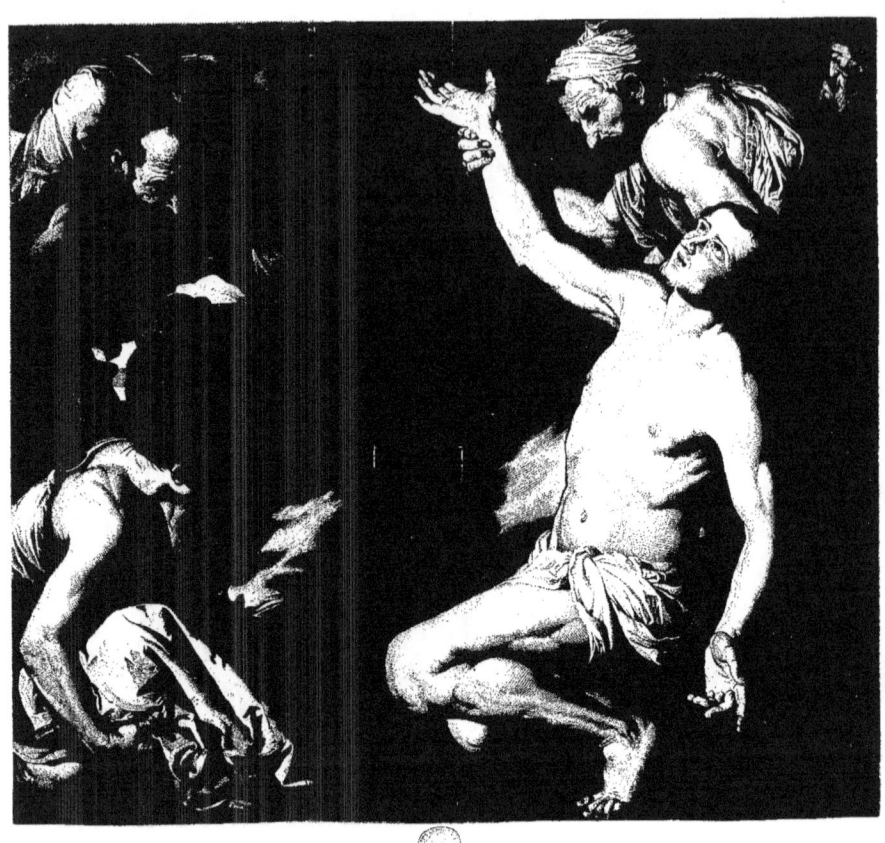

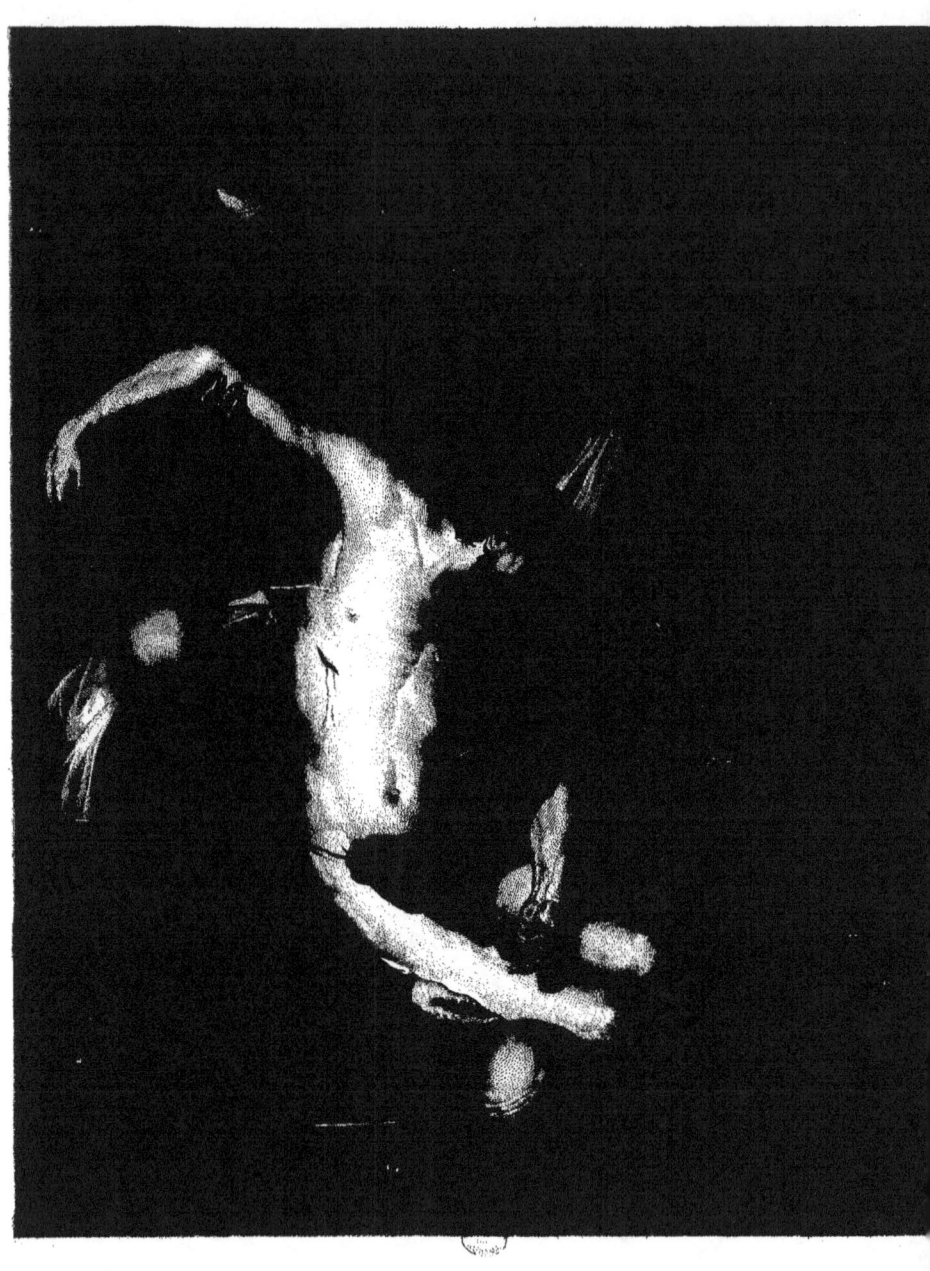

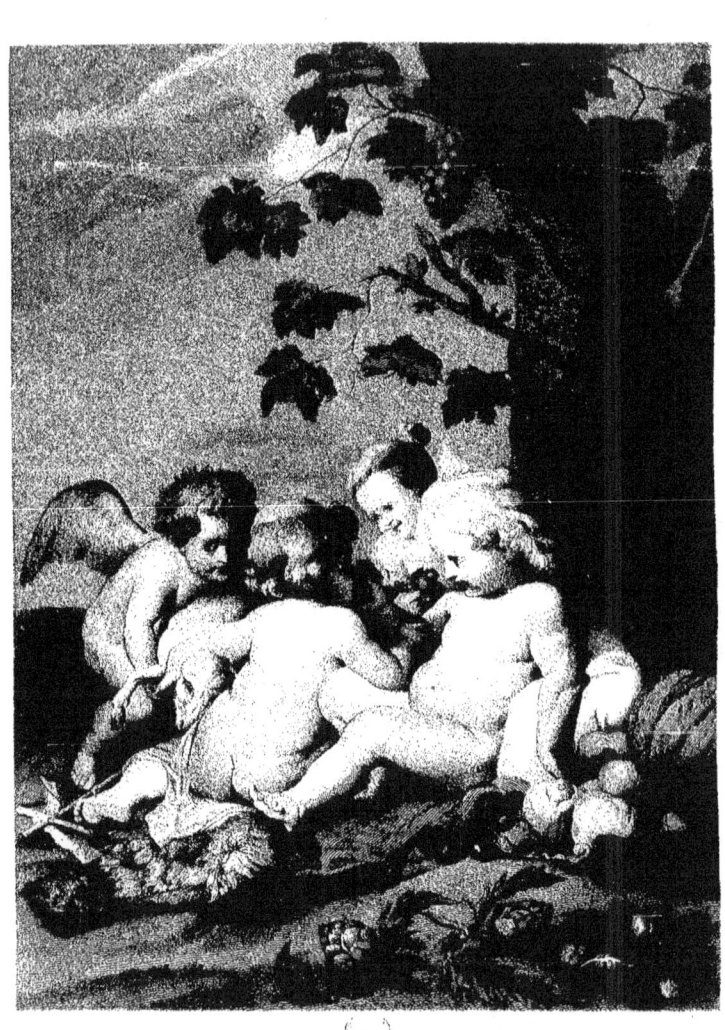

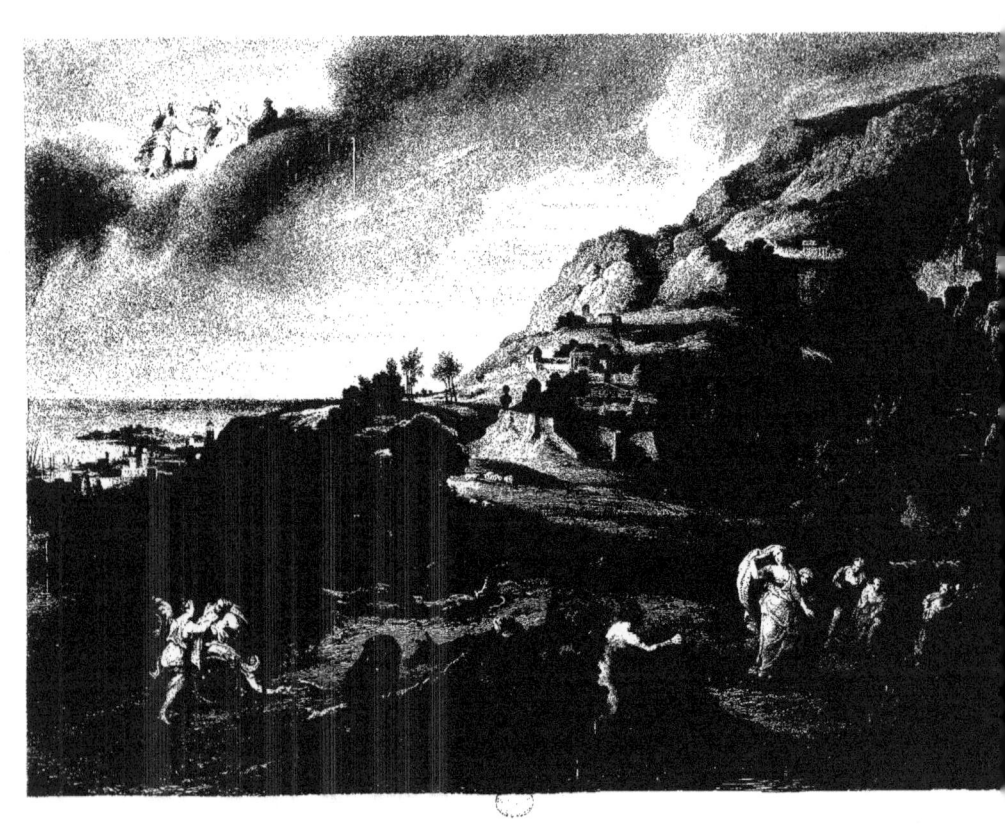

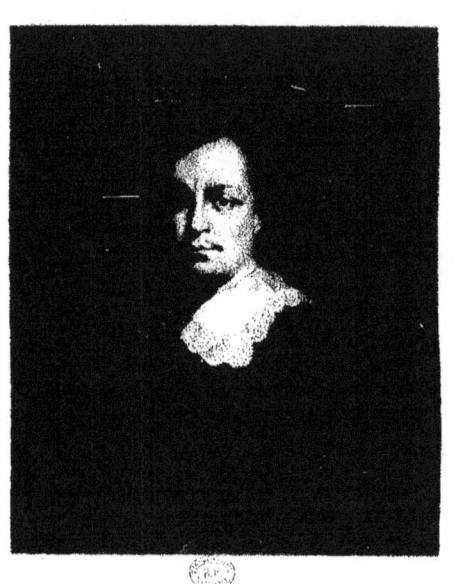

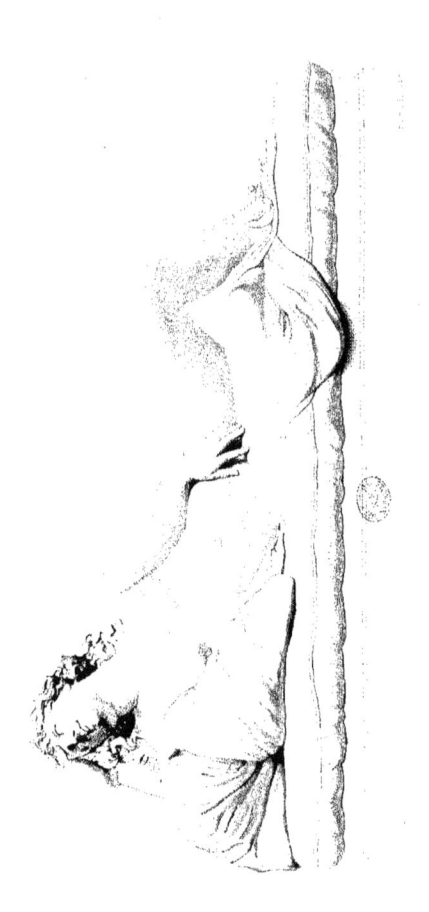

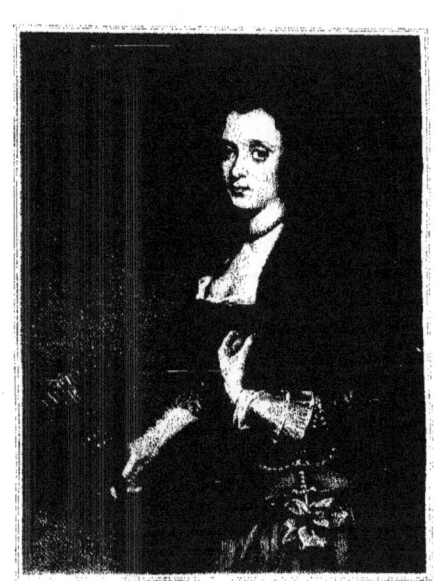

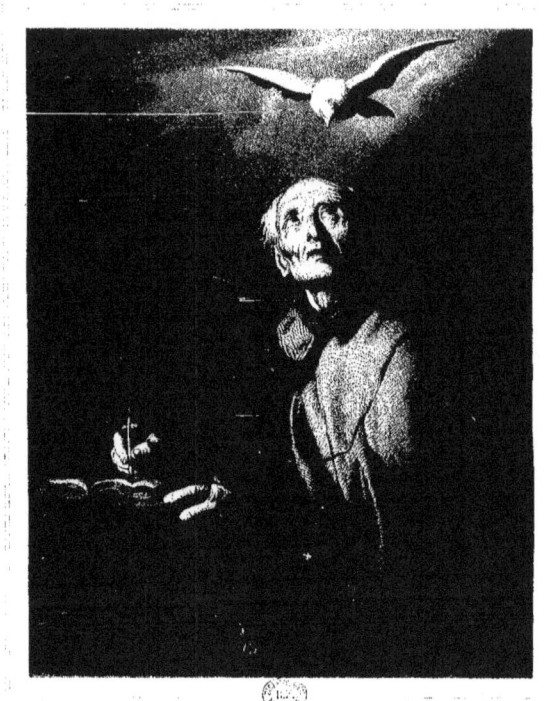